未経験でも成功できる!

自分が輝き、お客様に愛される

美容サロン開業の教科書

荒井鴻典
Arai Hirosuke

太陽出版

はじめに

我が国では21世紀に入った頃から「女性の社会進出」が叫ばれるようになりました。

それ以前の日本では長らく続いた家父長制の影響により女性は結婚したら家に入るのが当たり前という風潮でした。ところが1990年代のバブル崩壊により年功序列で右肩上がりに給料が上がる時代は終わりを告げ、男性の稼ぎだけで子育て費用、住宅購入、老後の生活費を賄うことはほぼ不可能な時代に突入したと言えます。よって現在、結婚後も働く女性の割合がどんどん増えています。しかし女性が男性並みの待遇で働く環境は未だ整っていないのが現状です。それはお給料に表れています。国税庁の最新発表によると、サラリーマンの平均年収は男性が572万円、それに対し女性はなんと280万円です。どんなに男女平等を叫ぼうがこれが現実です。もちろんバリバリと働き男性以上に会社で出世している女性も沢山いらっしゃいますが、社会全体から見ればそれはごく少数派です。国会議員も大手企業の役員も女性の割合を増やそう！　なんて言ってますが実現は大変困難な状況です。妊娠・出産は女性にしかできないという事実、そして今の日本社会は男性主導で作られてきたという事実がある以上真の意味での男女平等はまだまだ先のことでしょう。しかし！　だからこそ私は言いたいのです。「男には負けない！」なんて肩肘張らずに、考え方を変えてみてはいかがでしょうか？　男性が決して入ってこれない世界、女性にしかできない仕事「美容健康ビジネス」で自分の夢を実現してみませんか！　ということを。

具体的に言えば自営業者として美容健康ビジネスの世界で独立開業してみませんか、ということです。え～っ！　自営業なんて私には無理よ！　なんていう声も聞こえてきそうですが、大丈夫です。だってあなたはお化粧しますよね？　エステサロンやヨガ教室、スポーツジムに行ったことはありませんか？　ほとんどの女性はみんな自分のプロポーションやお肌を気にしています。おそらくあなたもそうだと思います。であればもう十分に美容健康ビジネスでの独立開業の可能性をお持ちなんです！　本書では一生取り組める仕事として、美容健康ビジネスでの独立開業についての方法について解説してあります。この美容健康ビジネスはそれほどお金をかけなくても開業することができますし、毎月のコストもさほどかけずにそれでいて利益率も高く、永くやればやるほど収入も安定してくるというお仕事なのです。しかも対人のお仕事なのでＡＩに取って代わられることもないという将来性抜群のお仕事です。今まで私は数多くの女性経営者を育成してきましたがそのほとんどはまったくの美容業界未経験者です。つまり経験の有無を問わない仕事なのです。あなたが本書を読み終えた時には自分の中にある無限の可能性を感じているはずです。私もあなたの夢がこの美容健康ビジネスで叶えられることを確信しています。さあ、一歩踏み出してみましょう！

第1章　女性にしかできないビジネスで100年幸せ人生を!!

第2章 自営業なんて失敗するからやめなさい!?

第3章 あなたの美容サロンビジネスはどのタイプ?

第4章 独立開業を決めた日からやること

第5章 具体的な集客方法と売上利益を上げる方法

第6章
自営業は100メートル走ではなくマラソンです

第1章

女性にしかできないビジネスで100年幸せ人生を!!

Chapter. 1

01
未経験でも起業できる「美容サロンビジネス」

「今度私のサロンに遊びにきてみない!?」

今、アロマセラピー、リンパトリートメントなどを提供するリラクゼーションサロンや料理教室サロン、ネイルサービスサロンなど、自らが経営者となり事業を営む女性が増えてきているのをご存知でしょうか。

ひと昔前に比べて、起業は女性にとってかなり身近な存在になりました。そして、起業家の中での女性の割合はどんどん増えてきています。

女性同士のお茶会や食事会で「今度私の経営するサロンに遊びにきてみない!?」なんていう会話が当たり前のようにされています。

本書は、そんな起業家になってみたいと思っている女性のために、美容サロンでの開業を提案する内容の書籍です。

ここでいう「美容サロン」とはリンパマッサージの施術やフェイシャルを提供するエステサロン、ボディメイクサロン、ネイルサロン、簡単なトレーニングを教えるパーソナルフィットネスサロンなどを指します。

この本を手にとってくれた人の中には、すでに美容系のお仕事を経験した人もいるかもしれません。美容サロンでの起業というと、そのような方を対象としているように思われるかもしれませんが、実は美容サロンを起業した女性の多くが、美容業界未経験からスタートしています。

この事実を知ると、多くの女性は驚きます。

「でも、私には美容やサロンについての知識なんて何もないし……」と思ったかもしれません。でも、よく考えてみてください。本当にあなたは、美容についてやサロンについてまったく知識がないといえますか？　お客さまとして、化粧品や美容用品を買ったことがあるのではないでしょうか？　ネイルサロンやエステに一回くらいは行ったことがあるのではないですか？　それがなかったとしても、ヘアサロンには行ったことがあるはずです。

つまり、世の中の女性にとって、美容はかなり身近なものなのです。今は美容業界未経験であっても、美容に興味があるならプロの知識は後から勉強すれば身についてきます。そしてその知識を自分と同じ美容に興味があり、綺麗になりたいという気持ちを持つ女性に教えてあげることがビジネスになるのです。

未経験からサロンオーナーをはじめた女性がたくさん！

私は長年、美容サロンをオープンして経営者になりたいという女性のサポートをしてきました。数えきれないほどの女性（ときに男性）の起業の相談を受け、累計では何百人……いや、千人以上かもしれません。実に多くの相談にのってきました。もちろん、その中からたくさんの人が実際に起業されています。

起業した人の中には美容業界未経験の方もたくさんいます。むしろ、私が直接お手伝いして起業した方は未経験からはじめた方のほうが多いくらいです。

元のお仕事もさまざまで、専業主婦の方もいれば、事務員や販売員、総合病院に勤務するオペ室専門の看護師さんという方もいました。

このような美容とは関係ない仕事をしてきた方も、今は立派に美容サロンのオーナーとして活躍しています。

私がサポートして起業した方の一人に、元陸上自衛官という異色の経歴の持ち主の女性がいます。同じ自衛官である御主人が急な病で他界したことをきっかけに、自身の健康を真剣に考えはじめ、美や健康のサロンに興味を持っていったそうです。

最初はお客さまとして美容サロンに通っていくうちに、だんだんと自身でも美容サロンを作ってみたいと考えるようになったと、彼女はいいました。彼女はこの業界についてはまったくの初心者でした。これまでのキャリアとはまったく別の道を選んだ彼女ですが、今はサロンオーナーとして、女性起業家として、とても生き生きと働いています。

このように、たくさんの女性が美容とは関係ないキャリアから美容サロンオーナーとして起業しています。最初はわからないことだらけでも、本やインターネットを使って独学したり、勉強会やセミナーに参加したりして知識をつければ起業が可能です。私もそのような人たちをたくさんサポートしてきましたし、もっと多くの人にこの仕事の楽しさややりがいを知ってもらうために、この本を書いています。

美容サロンを開業するためには、お客さまを綺麗にしてあげるための美容の知識だけでなく、経営者としての知識も必要ですが、起業のやり方さえ間違わなければ経験の有無を問いません。

本書では、どんな起業の方法がどんなタイプの女性におすすめかということも詳しく解説していくので、きっとあなたにぴったりの方法が見つかると思います。

サロンビジネスは好きなことをやってたくさんの人に喜んでもらえる仕事

「美容サロンビジネス」について、もう少し詳しくみていきましょう。

この本で定義する「美容サロン」とはお客さまに美しくなってもらうために、あなたが好きな商品や好きなサービスを提供する場所です。

提供する商品やサービスは好みによってさまざまでしょう。自然派の商品が好きなあなたであれば、無添加の化粧品を使ったお店を経営するかもしれません。ダイエットに興味がある方は、ダイエットエステを提供したいと思うかもしれません。提供する商品やサービスに違いはあれど、自分自身が本当に大好きなモノやサービスをワクワクしながら提供してお金を得る仕事がサロンビジネスです。

あなたのサロンに集まるお客さまは当然、あなたの提供するモノやサービスを気に入っているのですから、無理な押し売りなどをする必要はありません。納得してモノやサービスを購入していただける、お互いに気持ちのいいビジネスになっていきます。

02

お喋り好きなあなた！美容サロンオーナーに向いています！

おしゃべりが仕事になっちゃうなんて！


ある日、カフェでお茶をしていた私は、こんな光景を見かけました。

私の隣のテーブルに陣取ったおそらくＰＴＡのママ友たちであろう４人組のグループが何やらおしゃべりをしています。会話が聞こえてきたので、聞くとは無しにその会話を聞いていると実に驚きの内容でした。

誰かが話している内容に、皆がうんうんと頷いてはいるのですが、次の人は全然関係ない話をし出します。


「あの担任の〇〇先生、なんか暗いよねぇ？」

「〇〇先生といえば、駅前のイタリアン行ったらさあ〜」

「今度の家族旅行ハワイ行こうと思ってえ～」

そのママ友グループは終始そんな感じで、最後には「あ～楽しかった！　次はあそこにランチ行こうねえ！」などとみんなニコニコしながら帰っていきました。

まったくのところ、女性は聞くよりも話すことが好きであるなあと私は思いました（男性もだけど！）。

あなたも「話すこと」が好きなのではないでしょうか。そして、そのおしゃべりは、カフェで行えばただのママ友のお茶会ですが、美容サロンビジネスに活かせば、「仕事」になってしまいます。

美容サロンビジネスに取り組む人は皆、基本的に美容や健康に強い関心を持っています。つまり、美容や健康という分野が好きなはずです。そして自分が心から好きなことであればずっと話していられるでしょう。この「自分の好きなことをずっとおしゃべりできる」というのは、サロンビジネスにおいては非常に重要なスキルになります。「逆でしょ？　自分が話すより、お客さまの話を聞いてあげる方が大事なんじゃないの？」と思った人もいるかもしれません。もちろん、サロンビジネスは接客業ですから、相手の悩みや問題点を聞いてあげることは大前提です。

しかし、サロンに訪れるお客さまはあなた自身の美容に関する知識や考え方に共鳴してくれた人です。サロンのお客さまはあなたのファンであり、サロンはあなた中心のコミュニティです。ですから、あなた自身の「思い」を語ることが必要不可欠なのです。逆にいえば、自分自身が大好きなモノやサービスに対する熱い思いを語り続けなければ、お客さまはファンになってくれません。

自分の考えを熱くお客さまに語ることが、「あなたの仕事」になる、それが美容サロンビジネスなのです。

美容サロン起業はコミュニティ作りが得意な女性に向いている

私は、サロンビジネスは女性に非常に向いているビジネスだと考えています。なぜなら、美容サロンで行うビジネスは、単にモノやサービスを売る仕事ではなく「コミュニティを作る」ビジネスだからです。

ここでいうコミュニティとは、あなたのことが大好きな人をお客さまとして集める、あなた中心のコミュニティのことです。

通常のビジネスでは、経営者とお客さまに信頼関係や交友関係がないことがほとんどです。しかし、サロンビジネスではお客さまと密接な信頼関係を築く必要があります。それがコミュニティ作りということなのですが、女性は男性に比べてコミュニケーション能力や共感能力が高いので、コミュニティ作りの能力が高いのです。

サロンビジネスは一回何かを販売して終わりのビジネスではありません。一回目の販売（やサービス提供）はあくまでもスタートであり、そこから通っていただいてお客さまと信頼関係を築いていくことがメインの業務になります。

カフェや定食屋と違って、美容サロンにお客さまが「なんとなく」やってくることはほとんどありません。

チラシやWEB広告、SNSかもしれませんが――とにかく、あなたの店からの何らかの発信をどこかで見かけて興味を持って来店します。

それはネットでたまたま見かけた広告かもしれませんし、駅前で配られたチラシかもしれません。たまたま見たものかもしれませんが、お客さまはその広告やチラシの内容に少しでも惹かれたから来店したのです。

「100％興味がない」「行ってみたいと思わない」と思ったなら、いくら広告を見ても来店するはずがありません。

「すごく興味を持って、やってきました！」という人はほとんどいないかもしれませんが、少しはあなたの提供するもの――つまり、あなたの作り出したもの、あなたが好きで仕事にした美容のサービスに興味を持ってやってくるのです。

自分がワクワクする商品やサービスに興味を持って集まってくれたお客さまは、自分と趣味が近い人です。その時点で普通の接客業とは違います。普通の接客業はまったく興味がない人にもサービスを売り込まないといけないことが多いものです。

美容サロンでの接客は、それとは正反対です。お客さまが通ってくれればくれるほど、あなたとお客さまの関係は単なる売り手と買い手ではなくなります。お客さまと販売者という垣根がだんだん無くなり、「一緒に美しくなるための同士」という仲間意識が芽生えてきます。これが信頼関係です。そんなお客さまをたくさん獲得することで、あなたを中心としたコミュニティが生まれるのです。

女性は共感能力が高いので、コミュニティ作りが得意です。そして、人はどこかに所属したいという欲求を持っています。成功する美容サロンは「そこに所属したい！」と思うようなコミュニティなのです。

では、所属したいと思うコミュニティはどんなコミュニティでしょうか。それは「自分が好きな人がいるコミュニティ」です。つまり「あなた」がその人物になればいいのです。

03

美容サロンは、実は低コストで始められるビジネス

女性こそ、起業しよう！

昭和初期の日本人の平均寿命は50歳にも届いていませんでした。ところが戦後１９５０年ごろから急速に日本人の寿命が伸びてきました。そして現代の日本人の寿命は、女性で約87歳まで伸びました。これは世界トップクラスです。

長寿の理由はさまざまありますが、一番の要因は医学の進歩と先進医療の普及にあるでしょう。以前だったら治らなかったような病気が手術や投薬で治る時代になりました。素晴らしい時代ですが、その反面、長生きが原因で多くの社会問題が噴出してきました。

・労働力人口が減り税収が減る反面、社会保障費が増え経済成長が鈍化する

・自分が寝たきりや要介護になることで、家族にその負担が重くのしかかる
・老後の生活費が捻出できず、高齢での破産者が増加している

長生きは素晴らしいことのはずなのに、いつの間にか我々の将来を脅かすリスクになってきています。元気でお金もある状態で長生きするのならいいのですが、実際はこの逆です。老後の健康や金銭的な問題にたくさんの人が不安を感じているのです。

特に、男性よりも平均寿命が長く、平均収入も少ない女性は将来に不安を感じることも多いでしょう。男性の平均寿命は79歳ですから、男性よりも女性のほうが平均して8年も長生きするといわれています。

老後のために少しでもお金を貯めておきたいと思っても、この令和の時代は、昭和の高度経済成長期のようにご主人のお給料の額面がどんどん増えていくような時代ではありません。

40年前は専業主婦が全体の7割近くまでいたのに、現代は約25％（4人に1人）に

まで減少しました（※20～64歳までを対象・平成30年「厚生労働白書」より）。

現在は、女性も働くことが普通ですが、女性の働く環境はまだまだ改善されたとはいえない状況です。男性正社員の平均給与額が５６７万円であるのに対して、女性正社員の平均給与はなんと２８０万円です。残念ながら我が国の現状は、女性が働きやすい環境が整っているとは言い難い状況なのです。

それならば、発想を転換して、女性にしかできないビジネスで起業してしまえばいいのではないでしょうか。そう思い、私はたくさんの女性に美容サロンでの起業をおすすめしてきました。

私の考えに共感してくれた、前向きで柔軟な発想を持った多くの女性たちが美容サロンビジネスに取り組んで成功しています。


美容サロンは実は低コストで始められる！

私が美容サロンでの起業をおすすめする理由の一つに、美容サロンビジネスは独立自営業の中でも比較的リスクを少なくして開業運営ができることが挙げられます。

例えば、飲食店での起業と比べてみてください。飲食店はお客さまが満員で売上がいい日もあれば、まったくお客さまがこない日もあります。天気にも左右されるでしょうし、特に理由もなくお客さまがこない日もあります。お客さまがこない日は、仕入れた食材が余ってしまいます。それが続けば、食べられなくなった食材は当然、廃棄することになります。

仕入れた食材はいわば「投資したお金」が姿を変えたものです。つまり、廃棄とはお金を捨てることです。さらに従業員を雇っている場合は、お客さまがこなくても給料を払わなければなりません。

ビジネスの原理原則から見れば、大金を得るために投資するのは当然のことです。多少のリスクはビジネスにはつきものですが、大きなコストをかけたからといって必ず儲かるというわけではないのが、ビジネスの恐ろしいところです。

しかし、美容サロンでの起業なら、飲食店のような廃棄は基本的に起こりません。エステなどのサービスの提供は消費期限のようなものはありませんし、化粧品やマッサージクリームなどの物販をする場合でも、販売できる期間は長いので簡単に廃棄にはなりません。

詳しくは後述しますが、フランチャイズなどに加盟すると、先に商品を買い取らずに販売することも可能で、この方法なら在庫リスクはありません。

また、飲食店であれば人通りのいい立地やおしゃれな内装にこだわる必要があり、これにも膨大な初期費用がかかります。美容サロンももちろん清潔で好感を持たれる内装にしなければなりませんが、無闇に豪華にする必要はありませんし、アクセスのいい一頭地に店を開かなければいけないわけではありません。

こちらも詳しいことは後述しますが、ご自宅の一室をサロンとして使用したり、住宅用のマンションで小ぢんまりとしたサロンを開く方もたくさんいます。

そして何より、一人でもはじめられる点が美容サロンのいいところです。飲食店であれば、調理担当は自分で行ったとしても、接客担当にアルバイトを雇う必要が出てくることが多いです。人件費は経営にとって大きな負担になります。常に出ていく固定費ですから、経営がうまく行かないときほど、大きな負担としてのし掛かります。

しかし、美容サロンであれば、お客さまとマンツーマンでの接客が可能です。従業員は必要ありません。売上が拡大したのちに人を雇うことを検討するなど、段階的に経営規模を広げられるのが美容サロンのいいところです。

豪華なシャンデリアも煌びやかな家具も、たくさんの従業員も美容サロン起業に必要ありません。逆にいえば、そういう無駄な装飾と人件費にさえコストをかけなければ、美容サロンは成功しやすい起業形態です。

堅実に行えば、低資本ローコストで起業が可能です。今現在お金がない方でも慎重に始める方法がたくさんあるのが美容サロンビジネスです。

慎重派な女性にとっては、最もチャレンジしやすい起業方法だと、私は考えています。

04
ユダヤの格言「商売は女と口を狙え」を知っていますか？

ずっと美しくいたいのはすべての女性の願望

美容サロンビジネスをおすすめする理由は、金銭的な面だけではありません。美容サロンビジネスは、あなた自身を健康で美しく保ってくれるというメリットもあるのです。

女性の平均寿命は87歳だと先ほど書きましたが、実際元気に自立して過ごせる期間――いわゆる女性の「健康寿命」はそれより12年も短い75歳といわれています。

ずっと健康的で見た目も若々しくいたいというのは、すべての女性に共通した願望です。高齢者だけでなく若い層も、将来の健康のために健康グッズや化粧品などを買い込みせっせと努力しています。

あなたもそうかもしれません。それならば、それを仕事にしてみてはどうでしょう？

美容サロンの仕事をしていたら、どんどん美容や健康に詳しくなりますし、詳しくなればなるほど、いいサロンオーナーになれます。今まで、勤めている会社で、業務のために興味のない資格を取らされたり勉強会に出席させられたりしたことがあったかもしれません。それに比べると、趣味と実益を兼ねた美容サロンビジネスは、どんなにやりがいがあることでしょうか。

美容サロンビジネスは美しくありたい女性にとって、美容とお金を同時に手に入れられる一石二鳥の仕事です。日々美容に関心のあるお客さまとコミュニケーションを取ることで、さらにあなたは綺麗でいられるでしょう。しかも、自分が経営者なので定年もありません。元気でいられる限り、ずっと輝きながらお金を得られます。

私は美容に興味のある女性にとって、これほどやりがいのあるビジネスは他にないと思っています。

女性は見た目が100％!?

「人は外見で100％判断されます」という話は誰もが聞いたことがあると思います。誰もが潜在的にそのことを理解しているからこそ、憧れの女優さんやタレントの髪形やメイクの真似が流行ります。

女性が自分を若く美しく見せたいと思うのは、何も異性の目を気にしているだけではありません。

「あら！　髪切ったの？　その髪型素敵ね！」なんてことを同性からいわれるのは、嬉しくてたまらないはずです。女性は男性の目を意識して美しくなりたいというよりも、「ほめて欲しい！　認めて欲しい！」という欲求から見た目を気にしていることのほうが多いかもしれません。

少し恐ろしい話ですが、男女ともに見た目がよい人のほうが生涯収入が約3000万円高くなるなんていうデータもあるそうです。見た目が美しければ稼ぎの多い男性と結婚できる、上司から可愛がられ部下から慕われ、結果として会社で出世していく。

芸能人やユーチューバー、インフルエンサーになって影響力を持って稼いでいく——こんな例は枚挙にいとまがありません。

見た目をよくしたいというのはすべての女性にとっての絶対の願いです。女性がインターネットで検索するときの言葉は、あらゆる年代で美容に関するものが多いという事実もあります。

見た目をよくすることに対しての需要の大きさは計り知れません。だからこそ、いろんな情報が出回っています。今では情報過多になってしまい、たくさんの女性が「何が正しい情報なんだろう」と迷ってしまっています。だからこそ、それを手助けするプロの存在が必要な時代になりました。

「商売は女性と口を狙え」

情報化時代といわれる現代では、健康や美容に関することだけでもありとあらゆる情報がメディアに溢れかえっています。

「○○が肥満に効くんだって！」とタレントがテレビで発言すれば翌日にはスーパーでその商品が売り切れ、有名なインフルエンサーが使っている美顔器があらゆるネットショップで売り切れる――よくある話です。

しかしそんな話題も半年も経てば皆忘れてしまいます。人は飽きっぽいのです。「よし、今日からダイエットしよう！」「明日から毎日美顔マッサージをしよう！」と宣言したところで三日も経てば平気で忘れてコンビニでアイスを買っている。化粧水を付けずに寝てしまう……ほとんどの人がこんな感じです。

「ダイエットのためには正しい生活習慣を身につけることが大切だよ」と説いたところで、じゃあ十分な睡眠って何時間？　昼寝じゃダメなの？　正しい食事ってどうやるの？　朝ごはん抜いたらダメなの？　などなど細かい質問が山のように届きます。美容に関するビジネスをやっていると、世間の人たちの美容や健康に関する知識は非常に乏しいことに気づかされます。美容そのものの知識だけでなく、予防策を継続的に実践する方法も知りません。それでも、本当はきちんとした知識を身につけたいし、それを習慣化したいと望んでいます。

つまりそこに巨大なマーケット（市場）が存在しており、お客さまにマンツーマンで教えられるサロンが必要とされているのです。

「商売は女性と口を狙え」この言葉は商いの民族ユダヤ人にとって「4000年の公理」だそうです。

昔から「女性は国が戦争になったとしても口紅を買うお金だけは財布の中にとっておく」といわれています。世界中いつの時代もお金を使うのは女性です。人生で一番大きな買い物といわれている家を買うときも、決定権はほぼ奥さんが握ってます。

つまり、女性をターゲットとしたビジネスは永久に不滅ということです。星の数ほどもある商売の中でも、女性をターゲットとした美容サロンでの起業をおすすめしている理由はここにもあります。美容サロンは、決して市場が無くならない女性向けのビジネスなのです。

05

ファンに囲まれているからこそ、ストレスから解放された仕事環境が手に入る

肥満の原因はストレス！

美容サロンビジネスでは、痩身やボディメイクを専門としたサロンに取り組む方がかなりの割合を占めます。

それも当然で、日本人は近年肥満傾向にあるといわれています。食の欧米化が原因としてよく挙げられますが、もう一つ大きな原因があります。それはストレスです。

日本の就労者の人口は約６８００万人ですが、その内の90％が給与所得者（給料をもらう形の仕事をしている人）です。自営業者は10％しかいません。

ということは、働く人のほとんどが組織の中で働いているということです。上司がいて同僚がいて部下がいて、気を遣って働いています。それだけで十分ストレスがかかっている状態です。

ストレスがかかっている状態とは、自律神経が交感神経（刺激・興奮）に大きく振れている状態です。この状態になると、身体がバランスを取るために副交感神経優位になろうとします。つまり身体がリラックス状態になりたがるのです。そのために静かに読書したり森林浴や散歩という方法を取れたらよいのですが、ほとんどの人にはそんな時間がありませんから、手っ取り早く副交感神経優位にする別の方法をとります。それがお腹一杯、好きなものを食べるという方法です。

それが肥満の原因になるのがわかっていても、ストレス社会に生きるサラリーマンが仕事帰りに一杯やって締めにラーメンまで食べてしまうという行為は、実は至極当然なことなのです。しかし、これは当然健康にとって最悪です。でも、ストレス社会に生きてる限りやめられません。

そんな負のスパイラルから抜け出す手助けをするのが、プロのアドバイザーですから、痩身のためのアドバイスの仕事の需要は高まり続けます。ストレスで太ってしまった人たちを救う救世主のような仕事ですね。

会社組織で仕事すると上司や部下は選べない

ストレスの原因はさまざまですが、やはり一番多いのは人間関係でしょう。組織で働く人たちにとって、色々なストレスがかかる生活は避けて通れないのが宿命です。サラリーマンが転職する理由で一番多いものが人間関係といわれています。転職はすればするほど収入は下がるというデータがあるにも関わらず、転職する人が後を絶たないのは会社員生活がいかにストレスフルかを物語っています。

組織で働いた経験がある人のほとんどが、人間関係のストレスを感じたことがあるはずです。現在進行形でストレスを感じている人もいるかもしれません。そのストレスから逃れるために、転職を考えている人もいるかもしれません。しかし、もう一つの選択肢があるはずです。それは自らが経営者となる方法です。その中でも本書で提唱するサロンビジネスは、人間関係のストレスから一番遠いビジネスといえます。

サロンというコミュニティを運営していくビジネスは、ストレスとは無縁です。

なぜなら、あなたのサロンにはあなたのファンしかこないしあなたが嫌いな人や苦手な人はそもそもお客さまになってくれないからです（もちろん一見ではそういうお客さまもきますが、サロンビジネスはこちらからお客さまを選ぶことも可能です）。

そもそも、自分が好きなことで、やりたいビジネスを行えば仕事は楽しいものです。ストレスとは切っても切れない間柄だと思っていた仕事が、楽しいものに変わっていくという体験は、経営者しか味わえない経験です。

お客さまはあなたのファンしかいない

接客業では、理不尽なクレーム、いわゆる「カスハラ（カスタマーハラスメント）」に遭遇することがあります。カスハラでのストレスで心身共に病んでしまった接客業の従事者が多数いることが、社会問題にもなっています。

しかし美容健康サロンを営むなら、そんな心配はいりません。

接客業＝クレームというイメージが強いので驚かれるかもしれませんが、サロンビジネスはクレームが起こりにくい仕組みになっているからです。

クレームが起こりにくい仕組みになっている理由は、あなたのサロンに通う人たちは基本的にあなたのファンだからです。ファンがクレームをつけることはまずありえません。

もちろんあなたが何らかのミスをしてしまったら、お客さまにはきちんと謝りフォローしなければいけませんが、相手がファンなので、揉め事になる確率は普通の接客業に比べてかなり低くなります。笑って許してくれることがほとんどです。

もちろん、このような関係になるまでには努力が必要です。当たり前ですが、最初からそんなファンが存在するわけはありませんから、お客さまを「ファン化」させていく過程が必要になります。ここがサロンビジネスの面白いところであり、腕の見せどころです。本書では、このあたりの具体的な実践方法も解説しますので、参考にしてください。

ストレスフリーな環境で働くことができる！

先にも述べましたが、組織で働くと人間関係が大きなストレスとなってきます。この本を手にとってくれたあなたは、ビジネスのことを真剣に考えている人だと思います。そんな仕事に対して一所懸命な人であればあるほど、また出世したいなどの野望がある人ほど、尚更ストレスがかかってくるのが会社組織です。会社組織というのは、理不尽なことが往々にして起きます。

スゴイ業績を上げたのにボーナスは同期と横並びだったり、手柄がいつの間にか上司の手柄になっていたり……。お客さまのお役に立とうとがんばったり、会社に貢献するためにがんばったりした結果、理不尽なことが起こってしまう。そうなると、あんなに大好きだった仕事が嫌いになってしまう――そんな話は世の中にごまんとあります。

サロンビジネスでも、悩みや問題が出てくることもあります。しかしその悩みはお客さまの問題を解決してあげることにつながる悩みです。同僚との出世競争や嫉妬や給料格差などの無駄な悩みとはまったく別の、良質な悩みです。

仕事のための本質的な悩みは、そこから得られる喜びや感動が大きいものです。いま人間関係などの無駄な悩みにストレスを感じているのであれば、あなたの悩みをきちんと仕事に使ってみませんか?

06 サロンビジネスは絶対に無くならないお仕事です

これからホワイトカラーはいなくなる!?

２０１７年、銀行業界に衝撃が走りました。三井住友ＦＧが４０００人分の業務量削減を発表したことを皮切りに、みずほＦＧが１万９千人の人員削減、三菱ＵＦＪ銀行が９５００人分の業務削減と、堂々大リストラを発表したのです。これら一連の動きはいわゆる業務のＡＩ化によるものです。

銀行のメイン業務はお金を貸したり運用することですから、それは人間ではなくＡＩ（人工知能）がやればミスなく遂行できるうえ、コスト（人件費）がカットできます。そうした背景から、銀行は大量の人員整理に舵を切ったのです。

私が就職活動をしていた１９９０年代の就活生にとって、銀行は大人気の就職先でした。都市銀行に内定もらったなんていったらもう、「一生安泰だ！」「エリートまっしぐら！」ともてはやされて、親にも大喜びされる時代でした。

ところが、それからほんの数十年で時代は激変しました。かつてはエリートと呼ばれた層が「君たちはもういらないよ」といわれてしまったのです。この動きは銀行業界だけでなくあらゆる業界に広がりました。高学歴の知的エリートと呼ばれた層がAIに取って変わられているのです。

近所に豆腐屋さんってまだありますか？

私は東京の世田谷区にある「下高井戸」という結構大きな商店街がある街で生まれ育ちました。同級生には豆腐屋さんや魚屋さん、肉屋さんなどの商店の子どもがたくさんいました。

先日久しぶりに地元を散歩したのですが、30～40年前に比べると格段に人が少なくなって何軒もあった豆腐屋さんも無くなっていました。草履屋さんも洋品店も魚屋さんも無くなっていました。その代わり大きなスーパーが二店もできていました。これは私の地元に限った話ではありません。

今、豆腐は豆腐屋さんだけではなくその多くが工場で作られます。着物を着る人も減り、草履を履く人も少なくなりました。これが時代の流れです。

20年前アメリカの企業ランキングトップはフォードやGM、GEといった巨大メーカーばかりでしたが、今ではGAFA（グーグル、アップル、フェイスブック、アマゾン）に取って代わられました。この時代の流れはもう止められないのです。

何百年経っても変わらないものもある

では、美容サロンビジネスは今後どうなっていくのでしょうか？

ここで考えてほしいのは「サロンビジネスにおいて提供しているモノは何か？」ということです。

単に化粧品や下着などを売っているだけなら、確実にネット通販に取って代わられるでしょう。しかしサロンにくるお客さまの望みはモノを買いたいだけではありません。サロンにいるあなたに会いにきたいのです。

人は人と常にコミュニケーションを取りたがっています。このことは時代がどんなに進んでも絶対に不変です。つまり無くならないのです。

そして、女性は永遠に美しくありたいと考えています。また年齢を重ねれば重ねるほど、健康に対しての意識が高くなってきます。つまり美と健康を求めるマーケット（市場）も無くならないのです。

以上のことから、美容健康サロンでのビジネスは将来性という観点から見ても素晴らしい可能性に満ち溢れていることがわかります。

たった数年で激動する社会の中でも、変わらないことがあります。もちろん、社会に合わせて細かい調整が必要だったり、変えて行かなければいけない部分だったりはありますが、人の普遍的な欲求に寄り添う美容ビジネスの本質の需要は、ずっと変わらないものなのです。

07 美容サロンビジネスで あなたが手に入れられる5つのこと

美容サロンビジネスをはじめよう！

世の中にはたくさんの業種があります。起業をしたいと考えたとき、選択肢は無限にあるといってもいいでしょう。その中でも、あなたが美容サロンでの起業を目指すなら、次の5つのことを手に入れられるでしょう。

①時間の自由
②収入の自由
③美と健康の実現
④多くの仲間との出会い
⑤定年がなくいつまでも働ける環境

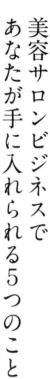

これまでお話してきたことと重複する部分もありますが、一つずつ見ていきましょう。これらを魅力に感じたなら、あなたには美容サロンビジネスがきっと向いています。

①時間の自由

あなたが美容サロンビジネスで手に入れられる一つ目のことは「時間の自由」です。人は子どものころから他人に時間を管理されて生きてきました。授業の時間割り、出社時間、退社時間、休日――これらすべては他人が決めたものです。

しかし自営業なら働く曜日や時間のほとんどを、自分で自由に設定できます。他人が働いている時間に休むことも可能ですから、空いているときに買い物や映画に行くこともできます。子育て優先で働く時間を調整することもできます。これは組織で働く人にはかなり難しいことですが、自分が経営者なら、時間は完全に自分のコントロール下です。

雇われている立場だとどうしても会社組織優先に考えてしまいがちですが、サロンビジネスは自分（のライフスタイル）が中心で、自分に時間を合わせる働き方ができます。

②収入の自由

会社組織で働く場合、お給料は会社側が決めます。昇給は通常、年に一回です。

サロンビジネスはあなた自身が経営者ですから、あなたの稼ぎは自分で決められるようになります。月に１００万円稼ぎたかったらそれなりの時間をかけてレベルの高い仕事をすればいいし、月に10万円でよければ週に１〜２日働いてあとは休んでいてもいいのです。

人が求める豊かさは人によって違います。東京で月に１００万円稼いでもそんなにセレブリティな生活は送れませんが、月に15万円もあれば十分楽しく暮らしていける地域もあります。サロンビジネスにはいくら稼ぐかを自分で決める自由があるのです。

③美と健康を実現できる

サロンビジネスに取り組むのであれば、あなたも美しく健康でなければいけません。あなた自身が体脂肪率35％、顔もシミシワだらけなのに「私があなたを綺麗にしてあげるし、ダイエット指導もしてあげるわ！」といったところでお客さまが信用しないのは当然です。あなたは仕事として自分自身を綺麗で健康な状態にしておかなければいけませんが、これは逆にいえば、仕事があなたを常に美しく保ってくれるということです。仕事をすることであなたはより美しくなり美しくなった結果、さらにビジネスはうまくいくようになるでしょう。

美と健康を実現しながらお金も稼げる。こんなに女性にとって楽しく嬉しいことはありません。

④多くの仲間を得られる

何度か書いてきましたが、あなたのサロンに通うお客さまは基本的にあなたのファンです。あなたがお客さまの望む結果を実現してあげたら、あなたはずっと信頼され続けます。お客さまとあなたは互いに支えあう存在なので、サロン以外でのコミュニケーションも増えるでしょう。こうなると、単なる売り手と買い手の垣根を超えるような人間関係になっていきます。これは、まさに友達を超えた仲間のような存在です。そんな人とこれから出会えると思うと、わくわくしませんか？

⑤定年がなくいつまでも働ける環境

日本人はこれから、人生１００年時代を迎えるといわれています。実際に女性の平均年齢は現時点で87歳を超えていますから、１００歳は珍しくもないといえるでしょう。これほど長く生きることになった場合、最も気になるのはお金のことです。平均寿命が伸びても、相変わらず55～60歳定年制を敷いている企業が一般的ですから、実際にはまだまだ気力体力的には十分働けてもルールだからと肩をたたかれます。企業視点で見れば新陳代謝させるために定年制度は仕方がないことですが、従業員としては60代で定年になってしまっては、その後の生活を不安に思ってしまいます。それに比べると自営業であるサロンビジネスなら、足腰立たなくなるまで、頭が働く限りずっと働けます。年齢を重ねていっても充実して働く場所があるということは、これからの日本で生きていく私たちにとって何にも代えがたい強みだといえます。

あなたもサロンオーナーになろう！

美容サロンビジネスについて、興味を持っていただけましたか？

これだけ魅力的なビジネスですから、きっと「詳しく知りたい」という気持ちになってくれていると思います。

次の章から、起業についてのことや、サロンビジネスでやるべきことなどを、順を追って解説していきます。

すでにたくさんの先輩の女性たちが美容サロンビジネスで成功して、生き生きと働いています。あなたにもぜひ、その一員になってほしいと思っています。

第2章

自営業なんて失敗するからやめなさい⁉

Chapter.2

01 成功の確率は何%かご存じですか？

起業後10年続けられる確率はわずか3%!?

「起業しても10年後に生き残ってる確率って3%くらいなんだって！　やっぱり経営者になるなんて大変だよねえ」こんな話を聞いたことがありますか？

日本の企業の10年後の生存率は5%いくとかいかないとか……こんな噂がまことしやかに語られています。あなたも耳にしたことがあるかもしれません。しかし、これは本当なのでしょうか？

私はこの話をずいぶん以前に聞いたのですが「ん？」と疑問に思いました。なぜなら私の友人知人には自ら起業した経営者がかなりいるのですが、誰も会社を潰すことなく5年10年と事業を継続しているからです。

私も今まで3つの会社を創業し、10年以上経ちましたが、すべて健在です。私も含め、周りの経営者たちがそこまで特別な存在だとは思えなかったので「ホントかな?」と思いました。

そこで調べてみたところ、2017年に中小企業庁が出した白書で、データを元にした「中小企業のライフサイクル」が述べられていました。

これによると、起業後5年間で英国は57・7%、フランスは55・5%の企業が市場から退出しているのに対し、日本では18・3%の退出にとどまっています。約82%の企業が5年間は生き残っているのです。

データが示していることは、「日本は欧米諸国と比べると起業する人は少ないが、起業した後に事業をストップすることなく継続させている割合は、諸外国と比べても高い」ということでした。

起業後法人化せずに個人事業主として続けている人を入れると、起業後の生存率はもう少し低くなるとは思いますが、いくらなんでも生存率が3%とか5%ということはないでしょう。

このデータを見てどう思いましたか？　あなたが思っているよりずっと、起業して生き残ることは難しくない気がしてきませんか？

サロンビジネスは個人事業主が多い

独立を考えた際、いきなり法人化するのは珍しいパターンです。個人事業で始めて、事業が順調に成長しだしたら節税面を考え法人化する……という起業のパターンが一般的でしょう。

美容サロンビジネスでも、同じようにまずは個人事業主から始めて、規模を拡大するなら法人化することをおすすめしています。最初から法人化する人も稀にいますが、あまりおすすめしません。まずは小規模で始めて、様子を見ながら徐々に規模を大きくしていけばいいのです。

サロンビジネスはずっと小規模のままが多いですから、法人化せずに個人事業主のままでやっていく方が多いです。

そういった選択ができるのも、美容サロンビジネスのいいところでしょう。

あなたが美容サロンを始めるときも、まずは個人事業主としてスタートして欲しいと思います。ただ、個人事業は法人よりも廃業率が高いという特徴がある点は覚えておいてください。

先ほど、約82％の企業が5年間は生き残っているというデータがありましたが、これは法人の生存率についてのデータです。

中小企業庁の白書によると、個人事業で開業した方の40％は1年以内に廃業しているというデータがあります。しかも10年後にも事業を継続している割合は約11％となっています。つまり、法人に比べて個人事業主のほうが廃業する確率がはるかに高いということです。

これはどういうことでしょうか。「じゃあ、いきなり法人化したほうがいいの?」と思ったかもしれませんが、これは間違いです。そんな問題ではありません。

個人事業の生存率が低い理由は、個人事業主のほうが無計画に事業をはじめる人が多く、継続できないというところにあります。たいした準備をしなくても、すぐに個人事業主になることが可能です。なんとなく起業に憧れて、個人事業主としてスタートしたけど、すぐに立ち行かなくなって廃業する……こんな人がたくさんいます。

もちろんこういう人は法人の社長にもいるのですが、開始のハードルが低い分、個人事業主の場合には立ち行かなくなって事業継続できない人が本当に多いのです。もちろん、その中には美容サロンのオーナーもたくさん含まれます。

しかし、これまで本当にたくさんの起業家の女性をサポートしてきた私から見ると、こと美容サロンビジネスにおいては、きちんと準備をして計画を立ててそれを継続できる人はまず失敗しません。データだけを見ると生存率が低いように見えますが、実態としては正しいビジネスの方法を学んでしっかりと継続すれば、必要以上に恐れることはないと考えています。

しょう。

女性経営者の収入の実態からわかること

みなさんに女性起業家の実態を知ってもらうために、もう少し数字を見てもらいましょう。

起業の前に一番考えてしまうのはなんといっても「独立起業してどのくらい私は稼げるのだろうか?」ということでしょう。

もちろん、どれだけ稼げるかは業種や個人の能力次第ではありますが、参考として女性起業家の収入を見てみましょう。

先ほど紹介した中小企業庁が白書で女性起業家の収入についてのデータを公開しています。気になる年収はなんと……女性起業家の7割近くが年収100万円以下! 年収200万円以下までの割合にすると87%、そして年収1000万円以上稼いでいる女性経営者はたった0・6%です。

数字だけを見ると、がっかりしてしまったかもしれません。「やっぱり起業なんてしてもほとんどの人が稼げないいんだ……」と落胆してしまいましたか? これは一部正解のところもありますし、間違った認識でもあります。

このデータが示す女性起業家の7割近くが年収100万円以下という事実からは、「ほとんどの女性起業家が、事業にフルコミットしていない」ということが読み取れます。

なぜなら、年収100万円以下では生活をしていくこと自体が困難だからです。つまり、7割の方々は家族(主に配偶者)の収入で生活しているのでしょう。もしかしたら、事業では稼げないから他のアルバイトで生計を立てている人もいるかもしれません。

いずれにせよ、7割の女性が「この事業だけで食べていない」ということがわかります。つまり、他の収入源があるということです。

生活の主軸がご主人の稼ぎにあったり、別の仕事であったりする人の片手間で行っている事業の数字がここに含まれています。

こういう人が多くいるので、データだけを見て女性の起業家は稼げないと思うのは短絡的すぎます。

これは私の経験則からいえることですが、美容サロンビジネスでは起業する前に自分自身できちんと損益分岐点を見極め、楽観的ではない緻密な売上げ計画を立て、入念に準備した人ならまず失敗して廃業するということはありません。

これまで見てきたデータは「独立自営業は難しい」といっているのではなく、「成功するためには起業する前から覚悟を持ち、入念に準備することが大切だ！」と教えてくれているのではないでしょうか。

起業したからといって簡単にお金が稼げるという甘い世界ではありませんが、私の肌感覚として、美容サロンをビジネスとして真剣に取り組んだ方であれば、起業後の生存率は10年経っても50％以上はあると確信しています。

美容サロン経営者はどれくらい稼いでいるの？

一言で「女性起業家」といっても、職種はさまざまです。先ほど紹介したデータは起業家全体に関しての統計なので、読者のみなさまとしては「それで、サロンオーナーの女性起業家はどれくらい稼いでいるの?」という疑問が浮かんでいることでしょう。

もちろん、サラリーマンの年収が人それぞれであるように、事業家の年収も人によって全然違います。それは美容サロンオーナーも同じです。特に、美容サロンは他の事業に比べて自由度が高いので、猛烈に働く人とマイペースで働く人とでは収入の差が大きく出ます。

ここでは、美容サロンオーナーとして

● 「男女別の起業家の個人所得」

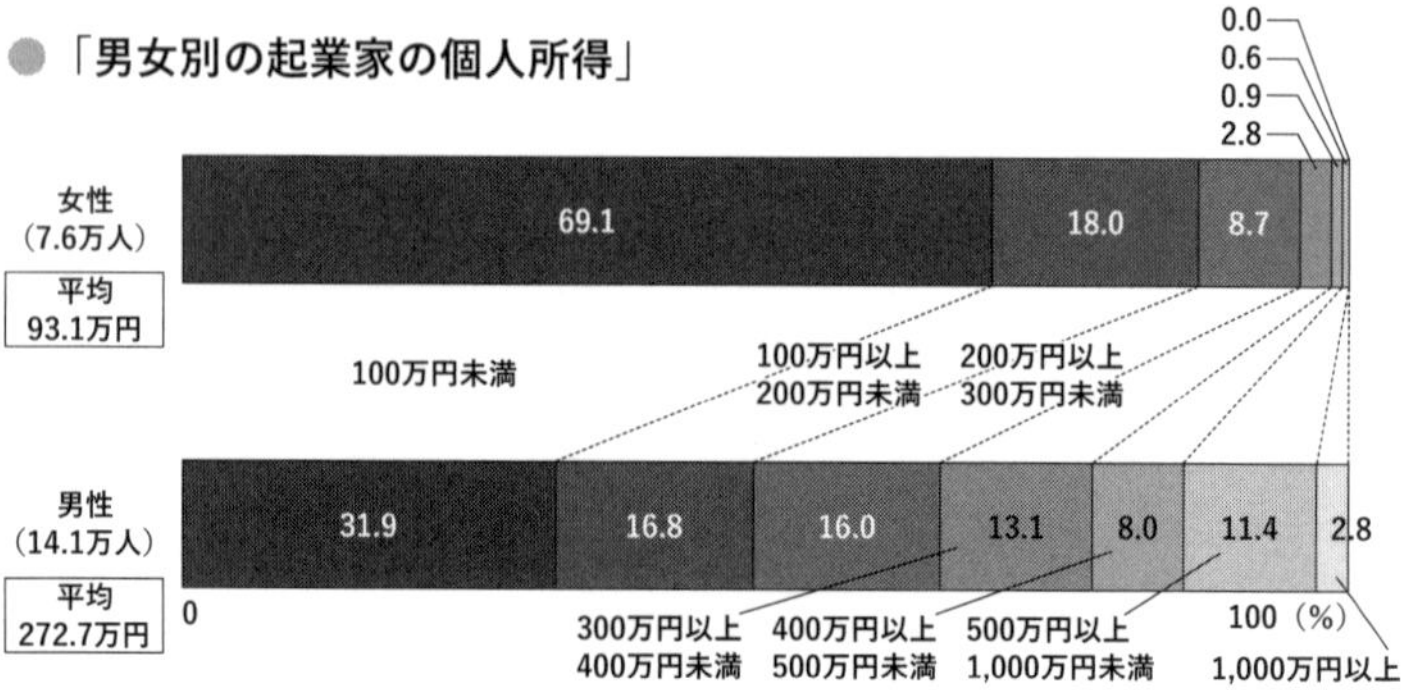

資料：総務省「平成19年就業構造基本調査」再編加工

注） 1. ここでいう起業家とは、過去1年間に職を変えた又は新たに職に就いた者のうち、現在は自営業主（内職者を含まない）となっている者をいう。なお、ここでは、非一次産業を集計している。

2. 個人所得について回答した者を集計している。

3. 所得平均は、「収入なし、50万円未満」を25万円、「50～99万円」を75万円、同様に他の階層についても両端の平均を用いて推計している。ただし、「1,500万円以上」は1,500万円とみなしている。

中小企業庁（https://www.chusho.meti.go.jp/）より引用

起業した2人の女性の事例を見てみましょう。この2人の仕事のスタンスや環境、収入を比べてみるだけで、美容サロンオーナーは働き方も収入も、自分で選択できる仕事だとわかると思います。

サロンオーナーAさん（小学生と中学生、2人の子ども有）の場合

元々、専業主婦だったAさんは、自宅の新築をきっかけに、自宅の一室を美容サロンとして使う形で起業しました。サロンが自宅なので、家賃はかかりません。固定費が低いので、かなりリスクが低い形での開業です。

2人の子どもはまだ小さく、子育てしながらの開業だったので、ご主人と相談した結果、営業日数は週4日だけにしました。

集客方法も売上の上げ方もわからないような状態からのスタートだったので、一年目はほとんど売上がなかったそうです。ただ、自宅サロンは家賃がかからないので、売上がゼロでも、問題なく継続できました。

二年目からは、提供するサービスのメインであるリンパトリートメントの技術や集客方法などを一から学び直し、少しずつお客さまも増えていきました。二年目の月の手取りは5万円を超えるようになったそうです。月5万円の稼ぎを少ないと感じる人もいるかもしれませんが、自宅で、子育ての間にできる仕事としては大きな金額です。5万円をパートやアルバイトで稼ごうとすると、時給千円なら月に50時間働きに出なければいけません。子育てをしながらのシフト調整などはかなり大変だと想像できるでしょう。

その後、物販も始めて、月の売上はさらに伸びました。コンスタントに月10万円の売上を出せるようになったそうです。

そして開業から4年経った現在の手取り年収は、100万円近くにまでなりました。

サロンオーナーBさん（シングルマザー50代）の場合

次は、サラリーマンから美容サロンオーナーに転身したBさんの例です。

Bさんが40歳のとき、ご主人が他界しました。その頃サラリーマンだったBさんは、お勤めしながら一人で子育てをしなければならなくなりました。

一人で家計を支えなくてはいけなくなったことや、定年後の将来を考えた結果、起業する道を選んだBさんは、美容サロンのオープンを決意しました。

違う業種からの転身なので、当然顧客ゼロからのスタートでした。開業当初は売上が30万円、手取り収入が5万円にも届かない時期もあったそうですが、お金をかけない集客方法や顧客フォローの方法を勉強することで、売上が徐々にアップ。三年経った頃には、平均月商は１５０万円になりました。そこから商品仕入れ代金や家賃などの経費を差引くと、手取りは月40〜50万円ほどになります。

その後もどんどん売上は伸び、現在は手取り年収１２００万円を視野に入れて、広告宣伝など、積極的な投資もしているそうです。

AさんとBさん、２人の女性の稼ぎ方や稼ぐ金額は対照的です。しかし、自宅で週4日だけ働くAさんも、事業拡大に積極的なBさんも、自分の力で自分の生活に充分な金額を稼いでいる点は同じです。

本書では「もっとたくさんの先輩美容サロンオーナーの話を聞きたい」という人のために、美容サロンを運営する女性起業家のリアルなインタビューをまとめたPDFを本書購入特典としてご用意いたしました。詳しいダウンロードの方法などは223ページをご覧ください。

年収や起業のきっかけについてはもちろん、挫折しそうになったポイントやその乗り越え方まで、5名のサロンオーナーに赤裸々に語ってもらっています。この中には昨年2020年の年収が2000万円を超えたという、敏腕美容サロンオーナーもいます。ぜひ、あなたの目指す年収のモデルケースとして参考にしてください。

02

周囲のほとんどが反対するのはなぜか？

「あなたには無理ですよ、考え直しなさい！」といわれる……

起業を志した女性は必ず、ご主人やご両親、兄弟など親しい人に相談します。すると「君に自営業が向いているとは思えない。甘い世界ではないんだからやめなさい！」といわれます。これは本当によくあることで、ほぼ100％の確率でいわれます。

よく考えてみると、女性に限らないかもしれません。もう何十年も前になりますが、私が独立起業をしようと決めたときも、母親に「お前みたいなバカに経営ができるわけないだろ、やめときなさい！」といわれました。

当時お付き合いしていた彼女にも「ヒロちゃん、バカなことをいわないで。今の会社やめたら私別れるからね！」といわれました。

しかし、私は諦めず結局起業しました。そして、今まで会社を三社創設し、そのすべてが今でも存続し収益を上げ続けています。たくさんの雇用も生み出してきました。

私と同じように、あなたも独立を目指したとき周囲に反対されるでしょう。これは誰にでも起こることです。

では、なぜこのような反応をされるのでしょうか。

反対される理由① あなたのことが心配だから

最も大きな理由は、あなたのことが心配だからです。身近な方々はあなたには失敗してほしくないのです。反対されて腹が立つ気持ちもわかりますが、相手はあなたに幸せになって欲しいと思っているからこそ、反対していることを覚えておいて欲しいと思います。

私の祖母は私が小さいときから、私にこのようにいい続けました。「いいかい、お前は将来一流大学に入って、誰もが知ってる大きい会社に入って働くんだよ」

残念ながら私は祖母の期待には応えられませんでしたが、これも祖母が私の幸せを考えての言葉だったということが、今ではわかるのです。

反対される理由②　世の中の90%はお勤めを選ぶ

日本では約6800万もの人が働いています。その中で独立自営業で働く人は約10%、つまり90%の人がお給料をもらうお勤め人の道を選んでいるのです。

日本人が勤め人を選ぶ理由はさまざまですが、一番の要因は日本人の安定志向にあるでしょう。

会社に行けばお給料がもらえる仕事と売上が上がらなければ収入ゼロかもしれない仕事、どちらを選びますかということです。

安定した中で、より高いお給料をもらうためには大企業に就職する必要があります。そのためには学歴が必要ですから、みんなが子どもの頃から一流大学を目指す。これが多数派のスタンダードです。

本書を読んでいるあなたのご両親も、ご主人も、90%の確率でお勤めをしている（していた）でしょう。家族が自営業だった、経営者だったという方は日本では少数派なのです。

ちなみに私の家族も親戚も皆大体お勤め人で、自営業者や経営者は一人もいませんでした。日本では、働く人の大部分がお勤め人なわけですから、独立したいといい出したら、家族が心配になるのも当然でしょう。

反対される理由③　人は見たことがないものに恐怖する

もし、あなたがギターを上手くなりたいと思ったら、テニスを習いたいと思ったら、一体誰から教わりますか？　当然「その道のプロ」から教わりますよね？

ところが起業を志した人のほとんどが「起業してビジネス的に成功している人」に相談しないのです！　それどころか、起業とは縁遠いど素人の家族や親友に相談してしまいます。

見えないもの知らないものに恐怖を抱くのが人間です。オバケ屋敷は見えないから怖いし、スカイダイビングはやったことがないから怖いと感じます。

あなたが起業について相談した家族の方は、起業のことなんてわからない（見えない）から、「それはいいねえ、がんばりなさいよ!」とは決していいません。

ほとんどの人が独立起業なんてしたことがないわけですから、あなたの身近な人たちが起業に反対するのは致し方ないことです。それと同時に、起業の素人からの反対であなたが諦める必要はないのです。

03

散歩気分で富士山に登れますか？

廃業する人たちのたった一つの共通点

私が20年以上、起業家を見てきた中で、事業を継続できなかった人に共通することが一つだけあります。

それは「起業することを目的」にしてしまうことです。

本来、仕事や経営はあくまでも目標や目的達成のための手段です。お金を稼ぐために起業する、何かで困っている人たちを救うために起業するとかいうことですね。

ところが中には、「起業するってなんかカッコイイよね」「執行役員とかCEOとか呼ばれるのってイケてるよね！」「サロンオーナーって呼ばれたいよね！」なんていう趣味や遊びに取り組むような感覚で起業する人たちもいるのです。この人たちには目標や目的がありません。起業はあくまで手段です。もし起業自体を目的にしてしまうなら、これはもう無目的でビジネスをしているのと同じです。

そんな考えで事業を継続できるほど商売は甘くはないことは、先述した廃業に関するデータが示している通りです。

他にも、特にモノづくりをする人に多いパターンで「こんないいモノなんだから売れるに決まっている！」といって商品を大量に生産して在庫を抱え、まったく売れずに廃業するケースもあります。こういう考え方も、事業を失敗する原因になります。成功者は、どんなにいいモノでも売れる保証はどこにもないということを知っているのです。

散歩気分で富士山に登れますか？

何年か前の夏に富士山の五合目まで行ったときの話をしましょう。富士山に行ったことのある方はご存じだと思いますが、富士登山は五合目からスタートするのがポピュラーです。ところが、登山口で外国からの観光客らしき男性が、アロハシャツとサンダル履きで歩いているのを発見してしまったのです。

周囲を歩いている登山者たちの格好は登山ブーツに長袖シャツ、おそらくリュックの中には防寒具も入っているでしょう。まさかその外国人の方も頂上を目指したわけではないとは思いますが、その後どうなったのか心配でした。

軽装で富士山に登った外国人が救難要請により助けられたなんてニュースを聞くたびに、あのときの光景を思い出します。何事も、しっかりとした準備なしでは、望む結果を得られません。

富士山に登ろうとするなら、それなりの準備をしますよね。起業するときも同じです。起業にかかる資金調達、経営全般に関する知識や常識、事業に関するコスト計算、提供しようとする商品やサービスに対しての知識と技術、営業集客の目標計画、ありとあらゆることで入念な準備が必要です。

しかし、入念な準備さえすれば、子どもでも、高齢者でも、富士山の頂上に到達できます。ビジネスもまったく同じだと私は考えます。

「ビジネス」の語源とは

サラリーマン時代に「ビジネスという言葉には英語のbusyが入っているんだから、仕事は忙しくするもんだ！」といっていたトンデモ上司がいました。

もちろん、ビジネスという言葉はbusyから発生したわけではなく、語源は古代英語の「bisignisse」といわれています。この言葉の本来の意味は「care（ケア）」とか「anxiety（心配事）」といったものでした。なので、ビジネスは「人の役に立つもの」という解釈もできます。

以前私のビジネスの師匠が「働く」という言葉の意味を教えてくれました。「それは『はたらく』→傍（はた）を楽（らく）にするから『働く』つまり周囲の人たちのお役に立つことをするのが『働く』ということなんだよ」と彼はいいました。

起業時には、単なるお金儲けだけを考えることではなく、自分が起業することでどれだけ人の役に立つモノやサービスを提供できるようになるのかという視点も大切だということです。

04

あなたは何のために独立起業するの？

なぜあなたはその駅で降りるの？

あなたは友達と一緒に映画鑑賞するために、たった今新宿駅で電車を降りました。新宿駅に到着するまでに、家を何時に出て、最寄りの駅を何時に出て、この駅で乗り換えて新宿に何時までに到着する——このように頭の中で事前に考えて、それを一つ一つ実行してきたから、今新宿駅に着いたのです。

これが目標と計画です。目標は何時までに新宿駅に到着すること。計画は家から新宿までのルートと時間を細かく考え、実践していくことです。

では、あなたの「目的」は何でしょうか？

そうです。友達と映画鑑賞することでしたよね。

新宿駅到着は、「映画を見るという目的」から考えると単なる通過点です。

では、あなたは何のためにサロンビジネスで独立起業しようとするのでしょう？

ビジネスはあくまでお金を稼ぐための、自己実現のための「手段」にすぎないのです。だから私はあえて聞きます。

「あなたは何のために、この美容健康サロンを開業するのでしょうか？」

「お金が欲しい！　他人から称賛され認められたい！」と思うのはダメ？

「何のために美容健康サロンを開業するのですか？」と訊いたとき、「社会の役に立ちたい！」とか「親孝行したいからです！」とかふんわりとした動機を答える人が非常に多いのですが、そういう人が大成功して社会の役に立っているのをあまり見たことがありません。

どちらかというと、「とにかく大きい家に住んで世界中旅行して楽しみたい！」と答えるような方、つまり最初は自分の為、自分の夢を叶えるためと明確に宣言していた方のほうが成功していく例をたくさん見てきました。

そしてそういう方のほうが、周りを幸せにしています。まず、自分の目標を達成し、結果として雇用を生み出し、多額の税金を納め、親に家を建ててあげ、結果として社会の役に立っているというケースのほうが多いのです。

ですから、当面の目標は私利私欲で全然OKだと私は考えます。お金の目標だけでなく、「サロンやってますと友達に自慢したい！」などの目標でもかまいません。それを心底思っているならまったく問題ありません。

ただし、サロンを出して自慢していたのに、三か月で閉店したらかっこ悪いですよね？　友達からカッコイイといわれ続けるにはあなたは業績を上げ続けないといけません。そのためには真剣にお客さまと向き合い、必要なことを積極的に学び、実践し、自身がお役に立つ存在になっていくことです。

そうすると一年後、あなたは友達から「あなた本当にかっこよくなったよねえ〜」といわれるはずです。そのためにもまず、目標と目的を明確にしてください。

ボランティアとビジネスは違います

ビジネスは人の役に立たなければ成り立ちません。

商品やサービスを提供し、お客さまのお役に立つ。

⬅

そして感謝のしるしとしてお代（お金）を頂戴する。

⬅

そこから利益を生み出し、納税する。

⬅

納税することによって、社会の役に立っていく。

これがビジネスの本質だと私は考えていますが、この話をすると、「人の役に立つことを目的とするなら、ボランティアでよいのでは？」というご意見をいただくことがあります。人のお役に立つという点では、両者同じかもしれませんが、ビジネスはボランティアと違い継続していかなければなりません。

いつも通ってくれているお客さまがある日来店したら、お店が潰れていた……なんてことは、絶対にあってはなりません。一度でもお金を落としてくれたお客さまに対して、大変失礼なことです。これがボランティアとビジネスとの大きな差でしょう。ボランティア活動は継続しなくても、一度だけであっても失礼なことにはなりません。

美容サロンでは、通ってくれているお客さまにいかに結果を出してもらうかが勝負です。サプリを売って終わり、一度マッサージして終わりではなく、売ってから・一度試してもらってからがスタートなのです。

継続するからこそ効果が出るのですから、営業不振でサロンを潰してしまうなんてことは、あってはならないことです。サロン経営者はサロン存続のために、売上を上げて利益を残していくことに集中しなければなりません。この責任が経営者にはあります。これが、ボランティアとビジネスの大きな違いです。

05 売上・利益・経費……お金から逃げない！

税金を納められなければビジネスとはいえません

売上と経費がトントンという状態では、ビジネスをしているとはいえません。厳しいいい方ですが、利益をしっかり出して納税してはじめて、ビジネスをやっていると認められます。

デキル経営者は常に、数字やお金のことを意識しています。

しかし、美容サロン経営者の場合、スタートした動機が「自分が学んだ知識や技術を活かしたい」「セラピーを行いお客様に喜んでいただきたいから」というような方々が多いからか、お金の問題をあまり考えない方が多いのです。

お金のことを考えないで継続成功する人はまずいません。お金は、私たちの身体に例えると血液です。その流れが滞り、少なくなっていけば命にかかわります。

私たちにとって血液同様の「お金」をいつも循環させる必要があるのです。

お金に無頓着では経営者にはなれません

10年以上前の話になりますが、大手補整下着メーカーのフランチャイズ加盟店になりたいという20代の女性が私の元に相談にきました。女性の名前はSさんといいます。

Sさんの相談内容は、開業資金の約５００万円が集められないというものでした。

政策金融公庫や自治体の創業支援制度を利用して資金調達しようとしたが、面接で担当者からことごとく否定的なことをいわれ、あきらめろとまでいわれてしまったとのことでした。

Sさんはサロン開業のために二年も前から計画してコツコツ貯金をし、現場で知識と技術を学んで事前の集客までやっていました。その話を聞いて、私は将来女性経営者として成功する可能性が高いなと思いました。それと同時に、機関の窓口での対応を疑問に感じました。こんなにしっかり考えている彼女に、どうしてお金を貸してくれないのだろうと。

しかし、彼女にその公的機関に提出した事業計画書を見せてもらったところ、「なるほど、これじゃ私でも絶対にお金は貸さないな」とすぐに納得しました。

それは事業計画書と呼べるようなものではありませんでした。そこに書かれていたのは、Sさんの仕事や商品に対する熱い思いやFC本部がいかにすばらしいかということ、「この仕事は必ず儲かる」ということだけです。お金のこと（具体的な数字）は何も書いてありません。事業についてここまで深く考えているのに、お金について彼女はなんの計画も立てていなかったのです。

彼女に「営業をスタートして毎月の損益分岐点は？」と聞いたところ彼女はこう答えました。

「損益分岐点って何ですか？」

私は彼女に、お金のことを最初に考えるべきだと伝えました。借金をして事業を始めたなら、返済が滞ったら廃業するしかありません。売上から経費を引いたお金が利益になりますが、この利益はいくら必要なのか、いくら売り上げたら経費が支払えるのか、生活していくために利益は毎月どれだけ必要なのか、そういうことを一つ一つ一緒に考えていきました。

「あなたが公的金融機関の担当者だったら、融資を希望してきた人の何を見る？　貸したお金を返せるかどうか、ただその一点じゃないの？」私は彼女にいいました。だから、毎月これくらいの売上が上がるという根拠を明示する必要がある。利益はこのくらい出るからその中から返済が可能です、というプレゼンをしない限り担当者は「融資しましょう」なんて思うわけないだろうと。

そして、「そもそもそういうお金のことを今から理解しておかないと経営は難しいよ」と伝えました。

厳しいアドバイスだったかもしれませんが、Sさんは持ち前のガッツでお金のこともしっかり勉強して、深く考えるようになりました。

その後、400万円の融資を受けて開業することに成功し、現在は美容業界でカリスマ的な人気を得る女性経営者にまでなっています。

お金は目的ではなく「道具」です

独立起業というと「お金儲けが目的でしょ?」と思われがちですが、先ほども述べた通りお金はあくまで事業を遂行するための血液にすぎません。

開業のために資金調達をする、集客のために広告費を使う、家賃を払う、電気水道電話料金を払う、利益を出して生活費に充てる――このように、お金はあくまで事業を遂行するための、生活をするための道具の一つにすぎません。

日々お金のことを考えているとお金に振り回されますが、お金は単なる数字です。

お金がたくさん得られたということは、あなたがたくさんお客さまの役に立ったということです。

逆に毎月お金がちっとも入ってこないなら、あなたがまったくお客さまの役に立っていないことの証明になります。

お金という数字は、学生時代にもらった通信簿のようなものです。よい数字を上げている人（たくさん稼いでいる人）は、よりたくさんの人のお役に立てています。悪い数字を出す人はその逆です。「廃業したけど、たくさんの人の役に立っていた」ということは絶対にありえないのです。

誰の役にも立っていないから、つまり人から必要とされないから、お店が潰れます。これは数字が示す真理です。

06 信念が成功につながります

信念の意味

先ほどから「何のために」という言葉をあえてたくさん使ってきました。この「何のために自分はこの仕事に取り組んでいるのか?」ということを絶対に忘れないことが、成功のために一番必要なことだからです。

突然ですがビジネスにおける成功とは何でしょうか?

答えは、ずっと続けることです。

お笑いBIGスリーと呼ばれるタモリさん・タケシさん・さんまさんの三名は間違いなく芸能界の成功者ですが、同時に継続者ともいえます。

サラリーマンが仕事を辞めるか迷っているときに必ずいうセリフがあります。それは「自分は何のために仕事をしているんだろう」です。仕事でも人生でも思うようにいかないとき、人は迷ってしまいます。迷うのは仕方がありませんが、大事なのは迷ったあとどうするかです。迷ったら原点にすぐ帰ること。常に信念を持つことが大事です。信念という字は、「今心にあることを人に言う」と書きます。つまりいつのときも、信念があれば今そのことが心にあるのです。心にあるなら、もう迷いません。

お客さまに本当の美しさと健康を実現させるのだという信念があれば、必要な商品をしっかり販売できます。この仕事で子どもを大学に行かせるためのお金を稼ぐんだという信念があれば、絶対に売上から目を背けません。

あなたの信念はなんでしょうか。信念を自分の中に持ち続け、迷ったら原点に帰りましょう。

ビジネスは決して戦争ではない（死ななくていい）

よくビジネスを戦争に例える人がいます。

仕事で使う言葉にも「敵、味方」「戦略」「戦術」「人海戦」……などなど、戦争用語がたくさんあります。

売上や利益を上げることを「勝利」とするなら、ビジネスは「勝負事」といえるかもしれませんが、ビジネスと戦争は根本的に違います。

戦争は人と人との殺し合いですが、ビジネスは人と人とがお互いを生かし合うものです。モノやサービスを生み出し、それを販売し、買うお客さまがいる。

生産者・販売者・消費者はそれぞれ、自分の行為によって望む利益を享受します。だからビジネスとして成立するのです。

「仕事を命がけでやれ」というのは猛烈上司のありがちなセリフですが、本当に仕事のために過労死をしてしまったら、それはまったく意味のない非生産的な行為です。

仕事は私たちが充実した人生を送るための手段です。手段を目的にしては、おかしなことになってしまいます。

現代人は自分の生活の時間のほとんどを仕事に費やしますから、仕事に対して真剣になるのは当たり前ですが、手段を目的にしてはいけません。

私が社会人になったころ、仕事のことで悩んでいるときに当時の上司が私にこうアドバイスをくれました。

「荒井君、仕事は所詮ゲームだ。負けたところで君の首が切られるわけでもなければ、財産を没収されるわけでもない。だからリラックスして臨むことが大事だ。だけどゲームは負けたら悔しいよな。だから勝つために全力を尽くすんだ。そして全力を尽くしても負けたら、それはそれでいいじゃないか。だから真剣になることはいいけど、深刻になっちゃだめだよ。深刻になったらよいパフォーマンスが発揮できないからね」

このアドバイスは、経営者となった今でも忘れません（そのアドバイスをくれた上司は、超有名大企業の役員にまで出世しました）。

批判する人もいると思いますが、私はどこまでいっても仕事はゲームだと考えます。ゲームだからこそ、負けたところで首が切られる心配もなければ夜逃げする必要もありません。そう思っていれば、リラックスして仕事に取り組めます。

とはいえ、ゲームには負けたくない、勝ちたいと思うのが人の性質です。だから結果はどうあれ、そのゲームに勝つための戦略を立て実行していくのです。

個人事業であっても仕事は一人ではできない（お客さまを裏切るな！）

美容サロンでの起業はまずは小さな規模で、つまり一人で始めることをおすすめしていますが、一つだけ勘違いしてほしくないことがあります。

それは「一人で起業したとしても、仕事は一人ではできない」ということです。

仕事とは、商品やサービスを提供しその代金をお客さまからいただく行為です。つまり、お客さまがいなければビジネスは成立しません。

しかもその商品はどうやって仕入れたのでしょうか？　取引先のメーカーや問屋さんがいなければ、あなたはその商品を仕入れることができません。

あなたが何かサービスを提供する仕事をしているのであれば、その知識や技術は一体誰から学んだのでしょうか。

あなたが仕事に取り組んでいられる環境のために、あなたの周囲の人はどれだけ協力してくれているのでしょうか。サロンが賃貸物件であれば、その部屋を貸してくれる大家さんがいなければ、サロンができません。サロンに商品を届けてくれる宅急便のお兄さんがいなければ、あなたのところに商品は届きません。

何がいいたいのかというと、一人で仕事をすることは不可能だということです。さまざまな人の助けがあってはじめて、あなたは事業を営むことができます。ところが、個人事業主の中には、それを忘れてしまう人がいます。「自分は一人で仕事をしている、一人で成功している。一人でやっているんだから、人に迷惑をかけなければ何をやってもいいだろ！」こういう人が一定数の割合で存在します。

それは大いなる勘違いです。仕事は決して一人ではできません。すべての人やモノ、機会に感謝をしましょう。それができなければ、5年10年と事業を継続することは不可能です。当たり前に存在するものは、一つもありません。すべてのものに感謝することによって、はじめてお客さまに心から尽くそうという気持ちが内から湧いて出てきます。周りの人への感謝を、決して忘れないようにしてくださいね。

第3章

あなたの美容サロンビジネスはどのタイプ？

Chapter.3

01 美容サロン起業パターン①独立系サロンオーナーとして起業する

美容サロンの代表的な独立パターンは三つ

美容サロンでの起業といっても、実はさまざまな方法の起業パターンがあります。本章では美容サロンの起業方法の代表的な三つのパターンを紹介します。

①独立系サロンオーナーとして起業する
②無店舗訪問販売員として起業し、軌道に乗ったら独立制度などを使い独立する
③フランチャイズ加盟店として起業する

比較的誰でも取り組みやすい方法のみに絞ったので、「起業したいけど、具体的に何をしたらいいんだろう?」という方はぜひ、参考にしてください。

まずは、「独立系サロンオーナーとしての起業」から紹介します。美容サロンを開業すると聞いてまず思いつくのは、このタイプだと思います。

自分の裁量ですべてが決まる「自分のお城」

「独立系サロンオーナーとしての起業」とは、自分オリジナルの商品やサービスを提供するエステサロンやマッサージサロンをつくり、起業するタイプのことを指します。

このタイプの起業は、実際にそれまで美容関連のお店で働いていた人が、修行を積んだ後に独立して店舗を構えるというパターンが多いです。

例えば、美容院で働いていた美容師が独立して自分のサロンを開いたり、エステティシャンがエステサロンを開いたり、ネイリストがネイルサロンを開いたりするようなパターンです。

このように、美容業界経験者が自らの理想の店舗を作るための場合が多いですが、未経験からはじめることができないわけではありません（※資格が必要な場合を除く）。

ただし、未経験からはじめるにはハードルが高い起業タイプであることは否めません。

独立系サロンで開業するメリット

このパターンで起業する一番のメリットは、なんといってもすべてが自分のオリジナルでサロンを作れることです。商品やサービスのメニューも、代金も、接客の方法も、営業時間も、サロンの名前もすべて自分の裁量で作ることができます。「どの商品をいくらで仕入れて、いくらで売る」「どのメニューをどの値段で提供する」などの価格に関する決定から、「サービスのネーミング」などの細かいことまですべて自分で決められます。

後で解説する残りの二つのパターンには、ここまでの自由度はありません。詳しくは後述しますが、商品や代金がすでに決まっていることが多いからです。

すべてが自分で決められるこのパターンでの起業は、経営者としての充実感を最も強く感じられ、毎日ワクワクしながら仕事ができます。また、成長したときのリターンもこのタイプが最も期待できます。うまくいけば、自分のお店をフランチャイズ展開したり、スタッフを増やして二店舗目、三店舗目と店舗を増やして任せていくことも可能です。

最も経営者らしい仕事ができるのがこのパターンです。一番夢のある起業方法といえるでしょう。

より高い経営者意識とスキルが求められる

リターンが大きいということは、簡単ではないということです。

このタイプで起業をしたいなら、たくさんの知識をつけ、開業してからも膨大な業務量をこなさねばなりません。

商品の選定、仕入れ、価格設定、メニューづくり、商品の在庫管理、集客営業の実践、広告の立案、お客さまへのアフターフォロー、日々の経理や財務、サロンの内装、掃除に整理整頓、自らのレベルアップのための勉強、自己啓発その他諸々……実にたくさんの業務を、すべて自分でこなす必要があります。

もちろんアウトソーシングしたり、従業員を雇うことも可能ですが、当然業務委託費や人件費というコストがかかってきます。そして人を雇うタイミングも自分で判断しなければなりません。

費用だけでなく、人を雇った場合にはその雇った人の教育、マネジメントという業務も発生してきます。人を雇って任せきり、そんなお店が繁盛するわけがありません。店を繁盛させるための戦略、金銭面や人材育成……すべてが経営者であるあなたにかかっているのです。そして、それを教えてくれる人はいません。自分の裁量ですべてが決まるということは、相談する人がいないということでもあります。

やりがいがあると同時に、より強い経営者意識とスキルが求められるのが、このパターンでの起業になります。

このタイプの起業で気をつけること

最も自由度が高く、夢を持ってはじめる人が多いのが独立系サロンオーナータイプの起業です。志が高いのはいいことなのですが、そのやる気ゆえ、落とし穴にはまってしまうこともよくあります。

例えば、開業前でまだお客さまがきてくれるかわからないのに、たくさんの借金をして豪華な内装の店舗を作り込んだり、いきなり従業員を雇ったりしてしまいます。自分の理想の店舗を作り込みたいという気持ちはわかりますが、無計画にお金を使って、すぐに資金繰りが厳しくなってしまった人をたくさん見てきました。

このタイプのオーナーは、美容の知識と経営の知識のどちらも兼ね備えていなければなりません。美容の知識はたくさんあっても、経営者としては初心者中の初心者という人をたくさん見てきました。

店舗をやっていると、ホームページ作成の業者や集客のプロの業者に「このホームページを作ればお客さまがたくさんきますよ。50万円です」「こんな看板を出したら、お客さまがくるようになりますよ。80万円です」など、たくさんの営業員がお店にやってくるでしょう。そのとき、経営の知識やマーケティングの知識がないと、簡単に騙されてしまいます。本当にサロンに必要な投資なら問題ありませんが、効果を必ず測定して無駄なお金を使わないようにしてください。

また、新しい美容の知識なども教えてくれる人がいないので自分で情報収集をしなければなりません。そんなとき、メーカーから「この商品は売れますよ。仕入れてください」とたくさんの営業を受けることになるでしょう。しっかり見極めて、それが売れるのか、本当にお客さまにおすすめして効果が出るのかを考えてください。

特に経営がうまくいっていないときは、外部業者の甘い勧誘に惑わされてしまいがちです。そんなとき、止めてくれる人はいません。あなた自身が最高責任者だからです。心が折れそうなときも、頼る人がいなくても、間違った判断を下さないようにしてください。そのために、強い意志と自らで考える力を養ってほしいと思います。

02 美容サロン起業パターン②無店舗訪問販売員として起業し、軌道に乗ったら独立制度などを使い独立

ノーリスク（ローコスト）で取り組める、利益を残しやすい起業パターン

美容サロン起業の二つ目のパターンは、「無店舗訪問販売員として起業」です。

これは、店舗や拠点を持たずに相手のところに出張して、サービスや商品の販売をするというタイプの経営です。業界に詳しくない人は驚くかもしれませんが、美容サロン業界ではメジャーな起業方法です。このタイプが最もコストをかけずに開業できるので、多くの人がこの方法をチョイスします。

手順としては、まずメーカーから化粧品などを仕入れ、自宅に保管します。そしてお客さまの家を訪ねたり自分の家にお客さまを招いて、商品の説明や使い方の説明をします。お客さまが商品を買ってくれたら、あなたの利益になる仕組みです。

このタイプは、マッサージなどの施術をすることもありますが、物販がメインです。

売れば売るほど儲けが出るので、常に新規の顧客を探しにいく必要があります。

以前はお客さまのお友達を紹介してもらったり、自分の友達に販売していくことが多かったのですが、今はＳＮＳで発信して集客する人が増えています。

時代に合った工夫をして、オリジナルの新規顧客獲得方法を思いつくようなアイデアマンは、より多くの利益を得ることができるでしょう。

美容サロンというよりは、個人の営業マンという側面が大きいかもしれません。イメージとしては保険の営業マンが近いです。お客さまの元に行き、商品の説明をして納得してもらえたら購入してもらう。高い話術とコミュニケーションスキル、そしてもちろん商品の知識が必要です。無店舗経営なら経営者視点はそこまで必要ありません。プレイヤーとしての能力が高い人が伸びるでしょう。

無店舗訪問販売で始めて、最終的に店舗を構えるまでになる人もいます。業績を上げることでメーカーに認められるので、メーカーの独立制度などを利用して店舗を構える人が多くいます。最初は一人で始めて、着実にステップアップしたい人におすすめめです。このタイプで起業する人は、元々そのメーカーのお客さまだった人が多いです。つまり、まずはお客さまとして他の無店舗販売員から化粧品などを購入していたけど、自分も売る側に回りたいと考えて販売側になるパターンです。元々商品に惚れ込んで、「こんな素敵な商品、私も他人におすすめしたい！」という熱意を持って働き出すパターンが多く見られます。

無店舗訪問販売員で起業するメリット

このタイプで起業する最大のメリットは、なんといってもお金をかけずに開業できることでしょう。商品を販売するときは基本的にお客さまの家に持っていくので、自分の家にすら接客スペースを作らない人もいます。

このように経費を使わない工夫ができるので、利益率が高くなります。やる気やトークスキルなど、個人の能力が高ければかなりの利益を得ることができるでしょう。

そういう優秀な人は、メーカーが用意している独立制度を利用してさらに規模を拡大することも可能です。

無店舗訪問販売員制度を持つメーカーの多くがそういった独立制度を持っています。女性を独立させてきた歴史が長いので、その先輩方を見て参考にすることも可能です。

大手の商品力があるのも魅力で、販売に関する蓄積データやノウハウを教えてもらえる場合もあります。

このタイプの起業で気をつけること

このタイプの起業は、手軽に始められる反面、個人の能力次第で稼げる人とそうでない人の差が大きく出てしまいます。

「手軽に始められるけど、稼ぐのが難しい」というのがこのタイプの起業の特徴です。

第2章で年収が100万円以下の女性起業家がたくさんいるということを書きましたが、美容サロン起業家の中では、このタイプが稼げていない率が高く、アルバイト感覚の人が多いのもこのタイプです。そんな多くの稼げていない人の中で、一握りのカリスマ販売員がいるというイメージをするとわかりやすいでしょう。

無店舗販売員は、特に新規顧客獲得にかなり苦労します。理由は簡単で「なんか怪しいなぁ」と思われてしまうからです。

現在では少なくなりましたが、訪問販売やネットワークビジネスはかつて強引な販売や勧誘をしてきた過去があります。そのイメージが未だ根強いため、自分がどんなに真面目に取り組んでも、なかなか信用されにくいことがあります。

当たり前ですが、新規顧客の獲得は自分のアイデアで行います。メーカーの化粧品などを売っているといっても、メーカーは商品を卸してくれるだけで集客の手伝いやアドバイスをしてくれることはほとんどありません。

同じような無店舗販売員は無数にいて、その人たちは全員ライバルです。同じメーカーの商品を売っているからといって、お客さまを紹介し合う仲間ではありません。

無店舗販売員のセールスは友人や親戚から始めることが多いのですが、その過程で友人からも怪しいと思われてしまうかもしれません。そうならないためにも、悪いイメージを覆すくらいの努力が必要です。相手を説得できる圧倒的な知識と話術は必須で、さらに愛嬌やマメさなど、プラスアルファのあなた自身の魅力も必要になるでしょう。

また、販売に関してはメーカーの決めた細かいルールを守る必要があります。自分で勝手に値引きするなど、独自のビジネスの色を出すことは禁止されている場合が多いです。価格、販売方法、広告のやり方、顧客のフォローなど、メーカーの決まりがあることがほとんどです。

逆にいえば、商品や価格など普通の経営者が考えるようなことを考える必要はありません。経営者として起業するというより、販売員というプレイヤーとして独立したい人に向いています。

継続していけば強いメンタルが手にできる！

美容サロンに限らず、こういった個人営業でしっかりと売上を立てて、事業を継続し生き残ることができる人は、ビジネスマンとしてかなりの実力者です。

例えば、保険の営業もこのタイプの個人事業になりますが、保険の営業では、身内親戚友人知人片っ端からアポイントを取って売り込みに行くところから始めます。ですが、最初はまず売れません。それでもめげずに、少しでもツテがあればどこにでも顔を出し、セールスを続けます。何年か実践し続けていけば、鋼のメンタルと優れた営業力を手に入れることができるでしょう。

正直、この仕事だけで生活していけるレベルになるまでには、かなりの年数とスキルが必要になってきます。そうなれる確率はかなり低いものではありますが、やり抜く根性が自分にはあると思う方はチャレンジしてみてもよいのではないでしょうか。

根性と上昇志向があり、話術にも優れたビジネスマンタイプの女性におすすめの起業方法です。

03

美容サロン起業パターン③フランチャイズ加盟店として起業

初心者向けの①と②のいいとこ取りビジネス

最後の方法が、フランチャイズ（ＦＣ）に加盟して美容サロンを始める方法です。

フランチャイズとは、それに加盟する人（または法人）が、その本部から商品やサービスを提供してもらい、その対価としてロイヤリティを支払うという仕組みのことです。

フランチャイズで最も有名なのが、コンビニのビジネスモデルでしょう。コンビニの経営者はコンビニの会社の社員ではなく、フランチャイズに加盟している別の会社または個人がほとんどです。

コンビニ本部から商品やサービスをパッケージで提供してもらい、その代わりにロイヤリティを支払う仕組みになっています。

美容サロン業界にも、フランチャイズを展開している会社がたくさんあります。そういったフランチャイズに加盟すれば、加盟店として美容サロンを開業することができます。

フランチャイズ加盟店として起業するメリット

このタイプで美容サロンを開業すると、未経験者や経験が浅い人でも自分のお店を持つことができます。

フランチャイズ本部は、サロンの経営方法や商品やサービスの販売方法までパッケ

●フランチャイズの仕組み

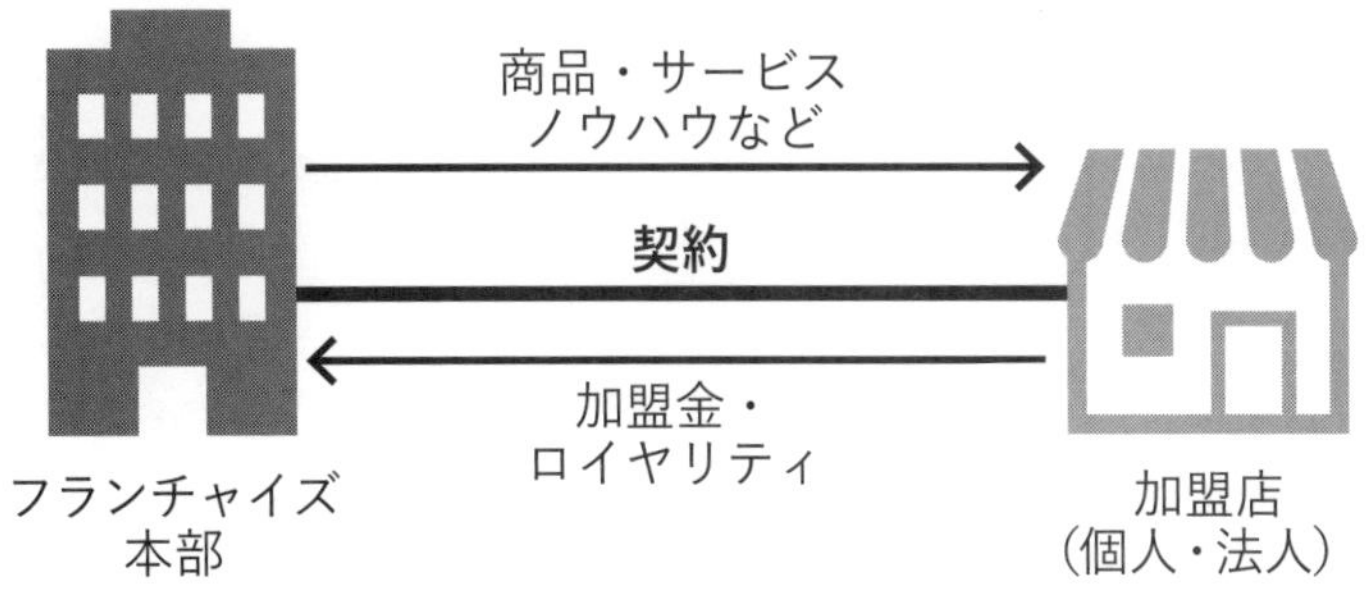

ージ化されたシステムを用意しています。すでに成功した経験に基づいて作られているパッケージなので、比較的安心して取り組むことができますし、自分でビジネスを考えなくても独立起業できる点が魅力です。

本部の用意してくれた研修システムや勉強会に参加することで、美容業界未経験者や経験が浅い人でも短期間で知識を身につけて独立起業できます。この方法で数々の女性起業家が生まれており、再現性が高い方法でもあります。

美容サロンビジネスで独立起業を目指す人が一番不安に思うことは、知らないことを相談できる人がいないことです。

美容や商品に関することもそうですし、経営方法についてもそうでしょう。自分の裁量でビジネスができるのは素晴らしいことですが、同時に困ったときに相談できないというのはとても心細いことです。

しかし、フランチャイズで美容サロンを経営すれば、サロンを開業するための準備全般、専門的教育、サロン作り、広告、集客、販売、運営していくノウハウ……などなどさまざまなことを教えてもらえます。もちろん、開業前のアドバイスだけでなく、開業してからもずっとバックアップしてもらえるのです。

特に集客の面でサポートしてもらえるメリットは大きく、開業初期から売上が望めることがほとんどです。自分でお店を開業した場合、最初の集客に苦労することが多いので、これは大きなメリットでしょう。

このタイプの起業で気をつけること

本部からのサポートのおかげで、経験が浅くても起業できる点が魅力の方法ですが、逆にいえばフランチャイズ本部の選び方を間違えると取り返しがつきません。

開業前はもちろん、開業後もフランチャイズ本部の指示やルールに従わなければいけないので、長くお付き合いできるようなフランチャイズに加盟してください。

事業内容だけでなく、金額面もきちんと見比べましょう。フランチャイズに加盟するときは、加盟金や保証金がかかる場合が多いです。もちろん、サロンの設置にかかる物件取得費用や内装費用などの初期費用は別にかかるので、最初にまとまった資金が必要になります。

さらに、起業後も毎月本部に支払うロイヤリティーがかかり続けるのがフランチャイズの特徴です。初期費用だけでなく家賃等ランニングコストにも注意し、毎月きちんと支払えるかを考えるようにしましょう。

価格やサポートはフランチャイズ本部によってかなり違います。加盟金保証金がさほど高額ではなく加盟のハードルが低いものや、ロイヤリティー無しのローコスト経営が可能なフランチャイズも存在しているので、複数の会社を比較して検討しましょう。加盟させるまでは甘い言葉ばかり並べ立て勧誘し、お店をオープンさせた途端にほったらかしという加盟金狙いの悪徳フランチャイズ本部も残念ながら存在しています。くれぐれも、本部選びは慎重に行ってください。きちんと利益を取れる本部を選ぶために、加盟金、ロイヤリティをはじめ、さまざまなポイントから複数の会社を見比べるようにしましょう。特にロイヤリティはその本部の特色が出るので、比較しやすいポイントです。

定額制や利益の○%など、ロイヤリティの設定は本部によってさまざまです。ロイヤリティがないフランチャイズも存在しています。ロイヤリティは事業を続ける限りずっとかかり続けるランニングコストなので、特にしっかり見ることをおすすめします。

フランチャイズ本部というパートナーがいることの安心感

経営者に「開業前に最も不安に感じたことは何ですか？」とアンケートをとったところ、男性経営者で最も多かった回答が資金調達や資金繰りなどのお金についてだった一方、女性起業家に最も多かった回答は「相談相手がいなかったこと」でした。

女性起業家にとって、最も不安に思うことは相談相手がいないこと――これはよく考えると当然のことかもしれません。なぜなら、資金繰りやノウハウなどは、結局、きちんと教えてくれる相談相手がいさえすれば、どうにかなるからです。

実際に、私の元にもお金がないけど起業したいという人が相談にきます。私は彼女たちに公的機関から資金調達する方法を教え、無事彼女たちはお金の問題をクリアして開業しました。適当な相談相手がいれば、ビジネスのほとんどの問題はクリアできます。適当な相談相手とは、経験豊かであなたのビジネスに親身になってくれる経営者の先輩です。そんな相談相手を個人で見つけるのは大変ですが、フランチャイズに加盟したら、フランチャイズ本部があなたの相談相手になってくれます。

本部は商品を提供するだけでなく、加盟店が利益を上げるためにアドバイスをくれますし、悩んでいることの相談相手になってくれます。加盟店の利益が上がることで本部も儲かるわけですから、彼らとは目的が同じです。親身になって、ビジネスの先生の役割を果たしてくれるでしょう。

よく経営者は孤独だといわれますが、これは当たり前の話です。経営者が従業員に愚痴や泣き言をいえるはずがありません。フランチャイズへの加盟は、よき相談相手を得ることができ、経営者独特の孤独を埋める安心感があります。これは事業を継続していくための大きなアドバンテージとなるでしょう。

04 自分にあった起業方法を考えよう

それぞれによい面と悪い面がある

美容サロンで開業する方法を3パターン紹介しました。自分に合いそうな方法は見つけられたでしょうか。

正直、どの方法にもメリットに感じる面もあれば、デメリットに感じる面もあります。当たり前ですが、絶対に成功する方法などはありません。どの方法が最適かはその人の性格や目標、ライフステージなどによってさまざまなのです。

次ページにある図は、開業方法3パターンの要点をまとめた図です。それぞれの特徴を見比べて、自分にはどのタイプかを考えてみてください。

●美容サロンの起業方法まとめ

	独立系サロンオーナーで起業	無店舗訪問販売員として起業	フランチャイズ加盟店として起業
サービスや商品に独自性を出せるか	◎ すべて自分の裁量で開業できる	× 商品から販売方法まですべてが決まっていることが多い	△ FC本部の提供するものがベースだが、店舗独自のサービスなどを提案できることも
お金をかけずに開業できるか	× 店舗の初期費用、商品の仕入れなど最初に大きなお金がかかる	◎ 訪問販売なので、在庫を置いておくスペースだけでいい	× 開店の初期費用に加え、フランチャイズ加盟金がかかる
商品に関する知識を教えてもらえるか	× 店舗で販売するサービスなどは、自分で勉強しなければいけない	◎ メーカーから細かく商品について教えてもらえる	◎ FC本部から細かく商品について教えてもらえる。施術の研修などもしてもらえる
集客の難易度	中△ 自分で勉強して効果の高い方法を考える。費用との兼ね合いも考えること	高× 訪問販売によくないイメージを持つ人が多いので、イメージを払拭する集客方法を自分で工夫する必要がある	低◎ FC本部が集客のノウハウを教えてくれる。成功事例が豊富にあるので、相談に乗ってもらいやすい
ロイヤリティがかかるか	なし◎ 利益はすべて自分のものになる	基本的になし○ ※場合によって発生するケースも	あり× ロイヤリティの価格はFC本部によって違う
未経験や経験の浅い人でもできるか	× 美容に関する知識だけでなく、経営についての知識も必要	○ 経営についての知識はさほど必要ない。販売員としての勉強は必要	◎ 商品と経営ノウハウのパッケージをFC本部から提供してもらえる。説明会などで学習する機会がある。相談にも乗ってもらえる
成功したらリターンが大きい	◎	○	○
安定度	×	×	○

オリジナリティと提供してもらうことから考える

今回紹介した三つの方法は、商品とノウハウを自分で考えるか・提供してもらうか、という視点から見比べることができます。

独立系サロンを開業する場合、商品（メニュー）も経営のノウハウもすべて自分で考える必要があります。

無店舗販売員なら、商品はメーカーが作ったものを販売するので、商品を自分で考える必要がありません。しかし、その売り方や顧客を獲得するノウハウは自分で考えなければなりません。

フランチャイズの場合は、商品も経営のノウハウもフランチャイズ本部からパッケージで提供してもらえます。

- オリジナル商品×オリジナルノウハウ ⬇ 独立系サロンオーナー
- 提供された商品×オリジナルノウハウ ⬇ 無店舗訪問販売

・提供された商品×提供されたノウハウ ⬇ フランチャイズ加盟店

このように、どの部分を自分のオリジナルでやりたいか、逆に提供してもらいたいかで起業方法を考えることもできます。

自分はアイデアマンだという自負がある人なら、自分のアイデアで勝負したいと思うでしょうし、その逆であれば提供されることに安心感を覚えるでしょう。

自身の性格や価値観に照らし合わせてじっくり考えてみてください。

第4章

独立開業を決めた日からやること

Chapter.4

01 開業日までにやることとスケジューリング

開業日までにやることリスト

美容サロン開業までにやるべきことはたくさんあります。具体的にやるべき項目は、次のリストのようになります。ちなみに、これは独立系サロンを自分で開くときにやるべきことの一覧です。無店舗販売員など、他の方法で開業する場合はこれよりもっと少ない準備で開業できます。また、フランチャイズに加盟すると、本部から開業準備をサポートしてもらえるので、本部からの指示にしたがって実行していきましょう。

開業日までにやることリスト

□サロンのコンセプトやイメージを考える
□知識、技術の習得、ロープレ

□税務署への青色申告届け出
□サロン用の通帳作成
□ホームページ・フェイスブック・ブログ・SNSなどのネットツール開設
□資金調達
□サロン立地選定、物件取得
□サロン名を決める
□商品やサービスメニュー、および価格を決定する
□内装、家具、什器備品そろえる
□広告、集客営業
□オープン、営業開始

スケジューリングこそが成功の秘訣

成功するためには、明確な目的と期限を区切った目標が大切です。これを達成する

ためには細かく計画を立てていかなければなりません。

計画とは、何年何月何日何時に何をするか、それを考え決定し、遂行することです。

ダイエットを例に考えてみましょう。二ヶ月後までに6キロ痩せるという明確な目標設定をしたとします。達成するためには、一食の総カロリーを計算し、何を何時に食べるかを決定します。さらにそのカロリーを消費するためにどのくらいの運動量が必要か、自分の基礎代謝とあわせて考えます。

そして一週間後までに何キロ、二週間後までに何キロ、一ヵ月後までに何キロ、と細かく途中の目標設定をしてその目標と計画をスケジュール帳に書き込みます。あとは毎日スケジュール帳に沿って決められた食事と運動をこなしていけば、二ヶ月後には6キロ痩せることができるはずです。

独立起業のためのスケジュール決めもこれとまったく同じです。計画を細かく立てることで、すべての項目を漏れなく遂行できます。

行き当たりばったりで準備していると、お店の内装などの自分の興味があることばかりにフォーカスしてしまい、集客のための営業や広告などの業務を疎かにしてしまうことがあります。

一見地味に見える準備でも、すべてがサロンのために大事な要素です。滞りなくすべてが終わるようにスケジューリングしましょう。

時間割を自分で決められる自由

スケジューリングという行為は、ほとんどの方にとって苦手な行為です。なぜなら幼稚園の頃から社会人まで、自分の行動計画のほとんどが、他人によって決められてきたからです。

小学校の頃から、1時間目は8時45分からはじまる国語、2時間目は算数、3時間目は体育……というように学校側が決めたスケジュールに則ってあなたは行動していました。

数学の時間に社会の教科書を開いていたら、先生に怒られます。

社会人になっても会社が決めた定時に出社し、12時に昼休みを取り定時に退社する。そしてもしあなたが結婚して子どももいれば、そういう他人が決めたスケジュールに沿って動くご主人や子どもたちに合わせてあなたも家のことを行う。ほとんどの人はそうやって、自分の行動を他者にコントロールされて生きてきました。「他者にコントロールされている」といわれると不愉快な感じがしますが、人はそれに逆らおうとしません。これはなぜでしょうか。理由は自分で考えなくていいからです。人にコントロールされるのが嫌といいながらも、そのほうが楽だと感じているのも事実なのです。

だから、人に頼れないスケジューリングはほとんどの人にとって苦手な行為です。しかし、自営業の一番の魅力は時間を自由に使えることです。

サラリーマンは、お客さまや上司、会社に時間を合わせなければいけません。でも独立起業したあなたは違います。好きなときに働き、好きなときに遊びに行けるのです。

そしてそんな生活を実現し、継続していくためには自分で自分の行動計画を立てていく必要があります。最初は難しいかもしれませんがスケジュールを立てて自分の行動を自分で決めることに慣れてください。それができれば、あなたは成功できます。

予定通り行かなくても大丈夫です

起業したばかりの人達から「立てた計画通りにことが進まない、どうすればいいのか」という相談をされることがよくあります。

予定通りに行かないのは実は当然のことです。立てた計画通りにすべて順調に進むのであれば、世の中はみんな成功者だらけです。計画通りに物事は決して進みません。

そのことをまず覚えておいてください。

計画を立てたところで、おそらく9割以上が計画通りにはいかないでしょう。こういうと、「計画通りに行かないなら計画なんか立てる必要ないのでは？」という声が聞こえてきそうです。

しかし、それは計画の意味を勘違いしています。起業家に必要な「計画」とは、「計画通りにいかなかったときのための計画を同時に立てること」です。

もっと砕いていうと、計画とは目標の中の「小さな目標」です。最終目的地に行くための途中乗り換え駅のようなものです。

その途中の乗換駅を寝過ごしてしまっても、また途中下車して戻るか、最終目的地までの別ルートを探せばよいのです。

計画通りにいかなければ、その行動を見直し改善すればいい。失敗したなら、また新たに計画を立てて実行すればいい。そうすれば、必ず目標に近づくはずです。

そして、これを繰り返していけば、必ず目標は達成されます。つまり最初に立てた目標計画は、そのための道標なのです。

02
サロンのコンセプトと商品・サービスを決めるときに考えること

サロンのコンセプト

美容サロンで販売する商品やサービスを最初に考えてしまいがちですが、その前に考えることがあります。それが「サロンのコンセプト」です。

商品やサービスはコンセプトに沿って考えることで、統一感が出るので、先にコンセプトを決めないとチグハグな商品のラインナップになってしまいます。

前章までで、みなさんに「何のために事業をするのか」というところを考えてもらいました。これが明確になっていれば、サロンのコンセプトは自然と固まっていきます。

例えばあなたが、「自分に縁あるすべての人が若々しくいられる生活習慣・食習慣を身につけてほしい！」と考えているなら、「若々しくいられる生活習慣・食習慣が身につけられるサロン」がコンセプトとなります。

あなたのお店のコンセプトはどんなものになりそうですか？　じっくりと考えてみてください。

コンセプトからサービスを考えれば自然に差別化できる

コンセプトが決まったら、それに沿った形で商品やサービスの選定を行います。例えば、健康的な生活習慣を売りにしているのなら、安かろう悪かろうのサプリメントをサロンに陳列しないはずです。それはあなたの理念に反しているからです。あなたがグルテンフリーを推奨しているのなら、小麦粉の入った食品がサロンに置いてあったらおかしいでしょう。

コンセプトという言葉を聞くと「難しそうだなぁ」と尻込みしてしまうかもしれませんが、お客さまのことをとことん真剣に考えることができれば、結果は自然とついてきます。具体的には、次のようなことを考えてみてください。

・あなたは、どんなお客さまにきて欲しいと思いますか？
・あなたは、そのお客さまに何を提供しますか？

ターゲットを細かく絞れとはいいませんが、例えば自分の得意な痩身術をどんな年齢層の人に施術してあげたいのか？　などを明確にイメージしてみましょう。そうすれば、どんな準備をしなければいけないのかが見えてきます。

コンセプトを明確にできていれば、自然に商品やサービスも絞られてきます。今の時代、何でも屋はコンビニかスーパーだけで十分です。そのコンビニですら、最近は有機野菜しか置かないなど、他社との差別化を考えている時代なのですから、あなたは独自のビジョンでサロンを作っていきましょう。

ちなみに、無店舗販売員やフランチャイズの加盟店になって起業する場合のコンセプトは、メーカーやフランチャイズ本部によって決まっています。コンセプトや理念に共感できるメーカーやフランチャイズをビジネスパートナーに選びましょう。

お客さまからのフィードバックを大事にする

お客さまが求めていることから、売るものやサービスを考える方法もあります。あなたが考えた商品やサービスをお客さまが見たときに「これ、やってみたい！」と瞬時に思ってくれるようなメニュー設定がベストですが、こればかりは常にそうなるとは限りません。コンセプトを明確にしても、それがあなたの独りよがりであったり、時代に合わないなどの理由で、お客さまからの支持が得られないこともあるでしょう。

常にお客さまからアンケートを取るなどのフィードバックをもらいましょう。すべてをお客さまの要求どおりにする必要はありませんが、柔軟に受け入れて、納得できるところは改定することも検討していいと思います。

価格の設定は何より大事

価格決めは開業前にやることの中でも、重要なポイントです。一度決めた価格はそう簡単には変更できません。自分が事業を継続していくためにしっかりと利益を出せる価格を、設定することが大切です。

美容サロンのオーナーは「できるだけ価格を安くしよう」と考える人がとても多いです。自分が信念を持って提供する商品やサービスの価格を、ギリギリまで安く設定しようとする経営者が後をたちません。そのうえ、時々ディスカウントまでしようとします。

お客さまのためを思ってそうしたい気持ちなのはわかりますが、これではその事業はすぐに行き詰まってしまいます。

あなたが提供するものは、そんなに価値のないものでしょうか。今一度、よく考えて欲しいと思います。

例えば洋服屋さんは、バーゲン時期になると50%オフの価格で販売することがありますが、それでもしっかりと利益を出しています。おそらく一万円のセーターなら、お店が仕入れた値段はいいところ二～三千円でしょう。いや、もしかして千円以下かもしれません。そうでなければあのビジネスモデルは成り立ちませんから。

でも、その洋服屋さんは決してボッタクってるとは思わないでしょう。適正な価格と思って販売してるはずです。その価格が高すぎれば誰も買わないはずです。

あなたも、自分の提供するものに自信を持って価格をつけてください。ちなみに、私の会社で販売しているサロン専売品のブラジャーの価格は一枚三万六千円です。高いと思いますか?

では、これを聞いたらどうでしょう。このブラジャーは日本国内の工場で最高級の素材を使い、かつ購入したお客さまには身体づくりのための食事指導や体型変化を確認するボディチェックという無料のアフターサービスもついてこの値段です。

どうでしょう。「妥当な値段だな」と思ってくれたのではないでしょうか。メーカー工場の利益、販売店の利益、そして原価を考えれば決して高くはありませんし、本当に価格に見合った価値を提供していると思っています。実際、お客さまもそう思ってくれているから売れていますし、そうでなければお客さまに嫌われて、事業は続いていません。

あなたも、事業を継続するために必要な収益を計算して適正な価格を設定してください。正当な価格で販売すれば、お客さまもきっと納得してくださるはずです。

プロとしての知識や技術の習得

商品やサービスの内容と価格が決まったら、それをお客さまに提供するための勉強や練習をします。あなたの考えた商品やサービスを購入してもらうために、あなたは誰よりも商品に詳しくなりましょう。あなたはお客さまが求める以上に、その専門分野に詳しくなっていなければいけません。

例えば、あなたのサロンに医者をやっているお客さまが来店したとしましょう。あなたは、落ち着いて普段どおりに堂々と美容や健康について説明できていますか？　オドオドとしている自分の姿が思い浮かんでいるようではいけません。あなたはプロなのですから、どんな相手にも堂々と接客できるようにプロとしての知識を学びましょう。あなたはこの業界の専門家です。お客さまはあなたをプロとして見ているのですから、商品知識、美容に関する知識、身体に関する知識、食事に関する知識、栄養学、そしてプロポーションメイキングや健康にするための技術など、あらゆる知識を学んで習得しなければなりません。美容に関する知識だけでなく、それを伝えるための話術も勉強しましょう。

そのためには、時間とお金は惜しまず投資すべきです。少しずつで構いませんから確実に力をつけていく努力をしましょう。

ただし、ここで気をつけたいのは、持っている知識を全部お客さまにぶつけてはいけないということです。少しだけ勉強した人にありがちな行為ですが、これははっきりいって最悪です。

知識やスキルは、「お客さまの求めてる分量だけ」を提供すれば充分です。自分が知っているからといって、そのお客さまに必要のないものまで押し付けてしまったら、お客さまは引きます。時速200キロが出る高性能な車だから、70キロでも安定して走れます。しかし街中の道路では200キロでは走りません。走ったら逮捕です。

あなたは学んだ知識や技術の全部を、お客さまに話す必要はありません。しかし、あなたが学んだことが多ければ多いほど、あなたは自信満々に堂々とお客さまと接することができるはずです。来店するお客さまにはさまざまな方がいらっしゃいます。長期間にわたってお客さまと付き合っていくためには、お客さまに関するあらゆる状況を理解して、その人に合った提案をその都度していくことが大切になってきます。あなたが深い知識と多くの経験を持っていれば、さまざまなお客さまにそれぞれ最適な提案ができるようになるのです。

結局お客さまは購入するかしないか、サロンに通うか通わないかはあなたを見て決めます。しっかりと学び、さまざまな経験を積み、プロとして自信満々のあなたであればお客さまはあなたを選ぶはずです。

03

青色申告の届け出とお金の管理について

青色申告の届け出をすると意識が変わります

事業を始める際には、所轄の税務署に行って青色申告の届け出を行います。サラリーマンとして働いていたときには必要なかった手続きですが、事業者になると自分で確定申告をして納税する義務が発生します。このときに必要なのが、青色申告の届出です。ここでは詳しくは述べませんが、青色申告の届け出をする際には簡易簿記か複式簿記の選択、そして総勘定帳、仕訳帳、現金出納帳、売掛帳、買掛帳、経費帳など揃える帳簿がたくさん必要です。

起業についての知識のない方は、言葉を見るだけで嫌になってしまったかもしれません。私もそうでしたからわかります。書籍を購入するなどして、自分で勉強するのもいいですが、コストをかけていいなら税理士さんに依頼することもできます。

税理士さんにお願いした場合でも、最初の届出だけは自分で税務署に行って提出することをおすすめします。なぜなら、自分の意識が劇的に変わるからです。自分はこれから事業をやるんだ、私は今から趣味の延長ではなく仕事として事業を営んでいくんだと自覚できます。お客さま、取引先、関係するすべての方たちに対し責任を持つという覚悟が生まれるので、青色申告の届出は自分で行うようにしましょう。

サロン用の銀行口座を作る

事業で使うお金は、個人のプライベートのお金とは別に管理しましょう。個人的な支払いや生活費などとは完全に分けた、サロン事業専用の通帳（銀行口座）を作ってください。プライベートと事業のお金を分けて、サロンでの入出金はすべて専用口座で行うようにしておくと、その後のお金の管理や帳簿作成が楽になります。サロン用通帳に記帳された数字の横には、何の支払いか、誰からの売上入金かを毎日鉛筆で書いておくと、確定申告時に本当に楽になるのでおすすめです。

余談ですが、領収書類も科目ごとに分けた封筒に入れていき、それを一か月ごとに計算しておくと経費計算が楽になります。

経理関係は苦手な人にとってはとても苦痛な作業なので、経理がどうしても苦手なら、アウトソーシングするという手もあります。苦手なものは人に任せ、あなたは事業にもっと時間を使いましょう。私も個人商店時代は信用できる親戚の女の子に一か月5千円くらいのバイト代を払って、領収書整理をやってもらっていました。

お金から逃げなければ、お金に好かれます！

個人事業主だけでなく、ある程度の規模の会社経営者の方であっても、お金のことをあまり考えずに現実逃避している経営者を時々見かけます。

売上が下がり、毎年赤字続きなのに銀行から融資を受けてその借金で社用車として高級車を購入したり、研修と称して海外旅行に行ったり――まだ経営者になっていない読者の方が聞いたら冗談のように思うかもしれませんが、意外とそんな経営者は多いです。このような経営者は頭が悪いのかというと、実はそうでもありません。起業するくらいの社長ですから、行動力とか学歴とか何かしら取り柄はあるのです。それでも、お金に対して真剣に向き合えないという面があると、それだけでもう、経営者として致命的な欠陥です。

お金は商人にとって血液です。会社が赤字なら黒字にするためにお金を広告に回すのか、営業力強化に回すのか真剣に悩まなければいけません。

でも、悩むのって辛いですよね。だから現実逃避して旅行に行ってしまう人がいるのです。当たり前ですが、それでは事業は継続できません。だからこそ、経営者はお金と真剣に向き合う努力をしなければならないのです。

もし今お金が無ければどこから生み出せばいいのか？

そのための行動は何なのか？

それがわかったら今すぐ行動し、会社を黒字にすること。これを続けていくことで、お金という血液が循環していきます。

04 開業のための資金調達について

開業のためにいくらかかるか計算してみましょう

開業にかかる金額はどれほどになるのでしょうか。とある独立系サロンの開業でかかったお金の例をみてみましょう。

【開業資金例】

- 知識やスキルを習得するための資金……100万円
- 物件取得費（礼金、敷金、仲介手数料、前家賃〇ヶ月分）……100万円
- 内装費（什器備品含む）……100万円
- 商品仕入れ資金……100万円
- 開業後の運転資金（6カ月分）150万円

合計550万円

もちろん、かかる費用は店舗のジャンルや独立の仕方によって変わってきます。無店舗訪問販売員としての起業なら不必要な項目も多いですし、フランチャイズ加盟店としての起業ならば、この他にも加盟金などが必要です。

自分の場合はどうなのか、項目を詳しく書き出してみましょう。できるだけ詳細に書き出すことがポイントです。詳細に書き出すことで、その後の資金計画が立てやすくなります。

極力自己資金での開業がベスト

事業に「絶対」はありません。極論をいえば、あなたがサロンをオープンしたときに戦争が起こるかもしれないし、そうなればお客さまは当然きません。それでも借金をしていたなら、支払いが遅れれば必ず催促されます。

事業に絶対がない以上、独立資金は自己資金で賄うのがベストな形です。全額自分の貯金で賄えればそれに越したことはありませんが、おそらくそういう方は少数派でしょう。だからこそ、独立起業を志したときから貯金はするべきです。お金自体も大事ですが、コツコツ貯められたという実績があなたの信用に繋がります。例えば二年かけて200万円貯金したとしても、開業資金には足りないかもしれません。それでも、通帳に少しずつ貯めてきた記録が残っていれば、融資を受けるときにあなたの本気度合いが伝わります。金融機関からの融資が下りやすくなるはずです。

逆に起業を志しているのに二年で100万円も貯められなかったと伝えたら、自営業に向いていないと判断されるかもしれません。本気度を見せるためにも、起業という目標があるならすぐに貯金をはじめましょう。

融資元の順位はまず親族、それから……

とはいえ、すぐに起業したい、何年も貯金している時間はないという方もいると思います。その場合は、何らかの方法で資金調達しなければなりません。

最初に、親族からお金を借りることを考えましょう。なぜ金融機関からではなく親族からなのか。それはもちろん、親から借りれば金利がかからないからです。これは事業を営むうえで大きなことです。

もしも親や親族に経済的な余裕があるのにお金を貸してもらえないのなら、あなたは信用されていません。これは深刻な事態です。商売とは、別のいい方をすれば「他人の財布からお金を出させること」です。血のつながった親を説得してお金を出させることができないのに、赤の他人からお金を出させることができるでしょうか。その練習というわけではありませんが、まずは身内に事業の価値を理解してもらいましょう。

身内の次に考えられる融資元の候補は、政策金融公庫からの融資か、地元の自治体の企業支援融資制度を活用することです。これらはすべて公的な融資制度です。

これらを融資元にしておけば、万が一事業に行き詰まり返済ができなかったとしても、顔に傷のある怖い借金取りはやってきません。ドラマの闇金みたいに、死んで保険金で返せともいわれないので安心してください。

ただし、逆にいえば上記以外の民間の金融機関、例えば高い利息を取る消費者金融などでは何があっても絶対にお金を借りないでください。検討するのもいけません。

先ほども述べましたが、お金とは事業を営むうえでの大切な血液です。ということは、もし怪我をして体の外に大量の血液が流れてしまったら、あなたは死に至ります。

金利が1％でも2％でも上がってしまったら、それだけで返済はかなり厳しくなります。

借金は、売上から経費を引いた利益の中から返済をしていくものです。商売はいつ何が起こるかわかりません。

突然、大量の発注があって喜んだのに、仕入れ資金がなくてその売上を逃してしまった……ということがあるかもしれません。毎月の返済額は、少なければ少ないほど越したことはないのです。

05

物件取得、内装、必要備品を準備する

美容サロンの物件・三つのスタイル

何度かお伝えしてきましたが美容サロンは必ず店舗用物件を借りてオープンしなければいけないわけではありません。自宅や自宅以外に借りたマンションなどの一室で開業する人もたくさんいます。おおよそ次の三つのスタイルに分類されるでしょう。

①商業物件（ビルやテナント事務所）での開業
②マンションやアパートの一室を借りて開業
③自宅の一部屋を使って開業

それぞれメリットとデメリットがあるので、見比べて自分にあった方法を選んでください。

①商業物件（ビルやテナント事務所）での開業

商業ビルや商店街の路面店などをテナントとして借りて、開業する方法です。美容サロンと聞いてイメージする店舗は、このパターンが最もしっくりくる人が多いと思います。

このタイプの店舗を運営するメリットは、物件が人通りの多い場所や商業地にあることが多いので、そこにサロンがあるだけで広告効果があることです。たまたま通りがかって気になってくれた一見の新規客が、飛び込みで来店することもあるでしょう。

また、通常はスケルトン貸し（内装が一切ない状態で貸し出すこと）になるので、内装はすべて自分好みにできます。自宅やマンションの一室での開業よりも、高級感や安心感を演出することができます。

物件の工事中から地域の人たちの目に晒され、営業年数が長くなればなるほど、地域の人たちから信用を得ることができるでしょう。

テナントとして開業することのデメリットは、なんといっても莫大なコストがかかることです。まず物件取得の際には多額の敷金、保証金、前家賃、仲介手数料そしてサロンとして営業するための内装工事費がかかります。もちろん、毎月の家賃も高額なものになってきます。

ちなみにオフィスビルは電気代も家庭での電気料金に比べかなり割高になってきます。

②マンションやアパートの一室を借りての開業

①のような店舗用物件ではなく、普通のマンションやアパートを借り、そこでサロン営業する形です。もちろん、自宅とは別に新しく契約します。

私が最もおすすめしているのは、このタイプの店舗です。理由はいくつかありますが、なんといっても、物件取得の初期費用が安いのが魅力です。

マンションやアパートは基本的に住宅ですから、敷金も保証金も商業ビルより随分と安く設定されています。しかも内装はすべてできあがっています。トイレもあるし、天井や床もできているし、壁紙も貼ってあります。

このタイプの物件であれば、サロンを営業するうえでの最低限必要な家具や備品を持ち込めばすぐにオープンできます。最も手軽にサロンの環境を整えたいなら、この形です。

毎月のランニングコスト（家賃）が、商業ビルに比べて安い点も魅力です。東京であっても、都心部を避ければファミリータイプの物件を10万円以内で探すことも可能です。家賃を抑えられるということは、毎月の経費を安く抑えられるということです。これは資金力に乏しい個人事業主にとって、重要なポイントです。

商業ビルに比べて、一階に看板が出せなかったり、外から見ただけではサロンがあるかどうかがわからないという集客上のデメリットもありますが、基本的にサロンは一対一の営業です。来店時は予約を取るのが普通なので、インターネットなどを使って集客すれば、通りすがりの一見客を捕まえる必要はありません。わざわざ賃料の高い商業ビルである必要はないのです。

一見客を得られないことは大したデメリットとはいえませんが、他にデメリットがあります。まず物件を探すのが難しいことです。事務所使用可のアパートやマンションは正直いって、多くはありません。不特定多数の人（お客さま）が出入りするのを嫌がる大家さんも多いので、商業利用を認めてもらうのは、意外と難しいのです。

事務所使用可能の物件は飲食店が入っている場合もあり、そうするとビル全体の雰囲気がよくなかったりします。築年数が古いケースが多いのも特徴です。こういう物件はお客さまからあまりよいイメージを持たれないので、避けたほうが無難です。

他にも、レイアウトの工夫が必要になってくるケースもよくあります。住居用のマンションには、水回りやお風呂場など本来サロン営業には必要のないスペースが存在します。元々はサロン用に作られているわけではない物件をどう有効的に使うか、腕の見せ所でもあります。

③自宅の一部屋を使って開業

自宅にある程度の広さが取れる一部屋があるのなら、その部屋を使ってサロンを開業できます。この方法のメリットは、マンションタイプで開業時にかかる取得費が必要ないということのうえに、家賃がかからないという点です。

自宅サロンの場合のかかる経費は、電気水道、携帯電話、仕入れ資金（商品がある場合）のみです。開業時だけでなく、運営にコストがかからないのは営業を長く続けるうえで非常に大きなアドバンテージになります。

自宅で開業すれば、ご近所さんを潜在的見込み客にできますし、通勤の必要がないので時間を有効活用できます。

ほとんどのお客さまはあなたのサロンに癒しを求めてきますから、アットホームな自宅サロンはお客さまにとっても居心地のいいものになるでしょう。

その反面、自宅のプライベート感が出すぎてしまうとデメリットにつながることもあります。

私もたくさんの自宅サロンを開業した女性をサポートしてきましたが、自宅サロンを訪れると真っ先に気になってしまうのが生活感です。

掃除が行き届いていなかったり、犬や猫などのペットの毛が落ちていたり、玄関が家族の履き物で埋め尽くされていたり、洗濯物がたたまれずに床に落ちていたり――自宅だから気が緩むのもわかりますが、それを見たお客さまはどう思うでしょうか。

お客さまは、それなりのお金を払って、サロンに美しさの結果や癒しを求めています。自宅の一室であろうと、サロンスペースは自宅ではないと心得ましょう。

さらに、このタイプで店舗を運営する場合は、家族の理解が何より必要です。いくら自宅とはいえ、サロンスペースに急にご主人や子どもが入ってきたら、お客さまはびっくりしてしまいます。そういうことがないように、しっかりとサロンゾーンとプライベートゾーンは分けなければいけません。

家族が使う玄関とは別に出入り口が設定できればいいのですが、おそらくお客さまはあなたの家族も使う玄関から出入りすることになると思います。玄関や廊下に男性の靴や小物が散乱しているようなことはないようにしてください。

ハードルが高い面もありますが、それらの問題をクリアすれば毎月のコストをそれほどかけずに運営できるのが、自宅サロンというスタイルです。この方法が可能であれば、個人事業主にとっては、ベストの形かもしれません。

物件探しは不動産屋任せにしないこと

①と②のスタイルで美容サロンを開業する場合は、物件を探さなければなりません。物件探しのときには、絶対に物件探しを不動産屋さんに丸投げしないようにしましょう。

先ほども述べた通り、事務所や店舗として使用できるマンションやアパートは決して数が多くありません。そして、物件が少ないということは、間違いなく大家さんが有利です。

物件が少なく貸し手有利な場合の不動産探しは、不動産屋さんはまず大家さんの立場を優先してきます。借りたい人はあなた以外にもいるからです。

物件探しは不動産屋任せにせず、できる限り自分の足で歩いて探しましょう。物件検索サイトだけに頼るのではなく、開業したいエリアの地元に強い不動産業者を複数探し出し、すべての業者に物件探しを依頼してみるのが大事です。自分で歩いて、入居者募集の看板を探してみることもしたほうがよいでしょう。

初期費用は限界まで抑えましょう

起業する方へのアドバイスで、私が必ずいうことがあります。それは、サロン開業のための初期費用はギリギリまで抑え、できるだけ運転資金を手元に残しておくべきだということです。

かっこよくて綺麗で可愛らしいサロンを作ることがあなたの憧れだったとしても、最初はそこに多額の費用をかけてはいけません。

サロンはあくまでも事業を営むための道具にすぎません。無理に家賃の高いオフィスビルを借りる必要も、値段の高い壁紙を貼ったり高価なテーブルや椅子、シャンデリアを揃える必要もありません。

どうしても自分好みのサロンにしたければ十分に売上を上げて、儲かってからやりましょう。事業が軌道に乗るまでは、お金は血液ということを忘れずに、無駄なコストをかけないよう注意してください。

サロンはお客さまが楽しく長く滞在したいと思える場所にしよう

業種にもよりますが、店舗経営の売上はお客さまの滞留時間に正比例するといわれています。

特に、美容サロンでは一ヵ月の客単価を数万円から数十万円に設定しているケースが多いので、より滞在時間が大事です。客単価が千円程度のラーメン屋さんや牛丼チェーンのように回転率を重視する必要はありません。あなたのサロンにお客さまが長く滞在すれば、その分売上が上がるということを意識してください。

では、ここにいたいとお客さまが思うサロンとはどんなサロンでしょうか？

それはお客さまがゆったりとくつろげる場所です。例えば、お客さまがくるたびに商品のリピート購入をすすめることばかりするお店は、お客さまがくつろげる空間ではありません。そんなことばかりしていれば、お客さまの足は遠のいていくでしょう。

目の前のお客さまのことを一番に考えて、どうすればくつろいで過ごしていただけるかを考えましょう。そして、長く滞在したいと思えるサロンを作るのです。

一に掃除、二に整理整頓、三、四がなくて五に掃除

繁盛店の共通点が一つだけあります。それは掃除と整理整頓が行き届いていることです。これはテナント物件だろうが、マンションタイプであろうが、自宅サロンであろうがどこも一緒です。

サロン内の掃除、整理整頓はもちろん、トイレや水まわり、鏡や椅子とテーブルも一人のお客さまが出入りするたびに必ず拭いて磨きましょう。

私が自分のサロンを経営していた頃は、まず朝の一時間を使ってサロン内の掃除を終えたら、サロンの玄関扉の内と外、エレベータホールを掃除しました。次は駅までの道約50メートルを掃き掃除して、落ちている吸殻やゴミなどを全部拾い、お客さまが駅からサロンに辿り着くまでの道のりをすべて綺麗にしていました。おかげさまで、サロンは私が営業譲渡するまでの10年間ずっと繁盛しておりました。

おそらくほとんどの経営者は、掃除に関してここまで真剣に取り組まないでしょう。

だからこそ、あなたが美容サロンでの成功を目指すなら掃除と整理整頓を毎日の習慣にしてください。

06

開業前に必ず家族の理解を得る

支えてくれるのは家族ですが、足を引っ張るのも家族です

最後に、開業前にやっておく最も大切なことを伝えます。自分がサロン経営者になることを家族に伝えて、理解を得ることです。

私が過去にコンサルティングをしたサロン経営者の中に、Yさんという方がいました。

Yさんは既婚者で、実家からは独立していたのですが、自分の両親が住む実家の一部屋を間借りして美容サロンをオープンしました。

営業開始から一ヶ月ほど経ったころ、急にYさんが「サロンを閉店する」といい出しました。理由を訊くと、ご主人に「そんな仕事はやめろ」といわれたそうです。

実はYさん、美容サロンを開業することをご主人に内緒にしていたそうです。Aさんは事業が軌道に乗って、ある程度売上が出たらご主人に報告するつもりだったといいました。

当然、それを知ったご主人は、自分に黙って始めたことや、Yさん名義の貯金とはいえ数百万円の初期費用を勝手に使ったことに対し立腹しました。そして、Yさんにサロンをやめさせたのです。

Yさんのご主人を横暴だという意見もあるかもしれませんが、私はこれはやむを得ないことだと思います。

もし私がご主人の立場だったら、自分は信用されていないと感じると思います。いくら奥さんの貯金からお金を出したとはいえ、結婚しているわけですからそのお金は共有財産ともいえます。それを使って勝手に事業を始めるなんて、ご主人にとっては許せないことでしょう。

ビジネスには波がつきものです。調子がいいときもあれば、悪いときもあります。そして、売上が落ちれば気分も下がります。

そんなときでも、経営者は前向きにいろいろ動いていかなければなりませんが、気分が落ち込んでいたら行動もままなりません。そんなとき、自分を励ましてくれるのは家族です。

もしも売上が上がらずあなたが悩んでいるときに、ご主人が「大丈夫だよ！　俺も働いてるんだしさ、お前一人ぐらい俺がどうにでもしてやる。お前は好きなようにやってごらんよ！」こんなことをいってくれたらどう思いますか？　勇気づけられて、元気が湧いてくると思います。家族はかけがえのない、あなたの味方です。

仕事は決して一人ではできません。お金を払うお客さまもいれば、取引先も配送業者も色々な人がいて、あなたの仕事をサポートしています。そして何よりも一番身近であなたをサポートしてくれるのは家族です。

家族を愛し、仲間を選びましょう

ビジネスを行ううえで、家族のサポートが大切だということはご理解いただけたと思います。

しかしここで間違ってはいけないのは、ビジネスにおいての悩み、例えば売上をどう上げるか、広告をどう打つか、お客さまのサポート方法をどうするか……このようなことを家族に相談してはいけません。こういったことは、その道のプロにしか聞いてはいけません。フランチャイズに加盟しているなら、本部に相談するのもいいでしょうし、先輩経営者に相談するのもいいでしょう。とにかく、あなたがビジネスの面で信用できる人に相談するようにしましょう。

あなたの家族は、あなたが取り組んでいるビジネスに関してはど素人です。あなたは自分の仕事のプロフェッショナルなのですから、プロが素人にアドバイスを求めるのはおかしな話です。

家族の協力は必要ですが、ことビジネス上の問題に関しては、信頼できるその道のプロフェッショナルに相談するのがベストといえます。

まさに家族を愛し、仲間を選ぶということです。

第5章

具体的な集客方法と売上利益を上げる方法

Chapter. 5

01

あなたの仕事はなんですか？

経営者としてあなたの最も重要な仕事を考えよう

私は26年間にわたり、経営者として利益を上げ続け、数多くのサロン経営者を育成してきました。いよいよこの第5章では、あなたが成功するための具体的な方法をお伝えすることにします。

さて、ここで質問です。

「経営者としてあなたの最も重要な仕事はなんですか？」

「マッサージです」「商品を販売することです」「利益を上げることです」「お客さまの役に立つことです」いろいろな答えが出てきたと思います。

しかし、どれも違います。では、正解は何でしょうか？　経営者としてあなたの最も重要な仕事は「マーケティング」です。

マーケティングとは「顧客の創造と維持」です。これは著名な経営学者ピーター・ドラッカーの有名な言葉です。

ビジネスは顧客中心

顧客を中心に考えなければ。ビジネスは絶対に成功しません。ピーター・ドラッカーのいう「顧客の創造」をわかりやすくいうと、お客さまを獲得することです。そして「顧客の維持」とは、一回販売して「さようなら」ではなく、ずっと通い続けてリピート購入や、新規顧客の紹介をしていただくことです。

考えればわかりますが、これをただ繰り返していくだけで、あなたのビジネスは絶対にストップしません。シンプルながら、これが経営者として最も本質的な仕事なのです。

●マーケティングとは

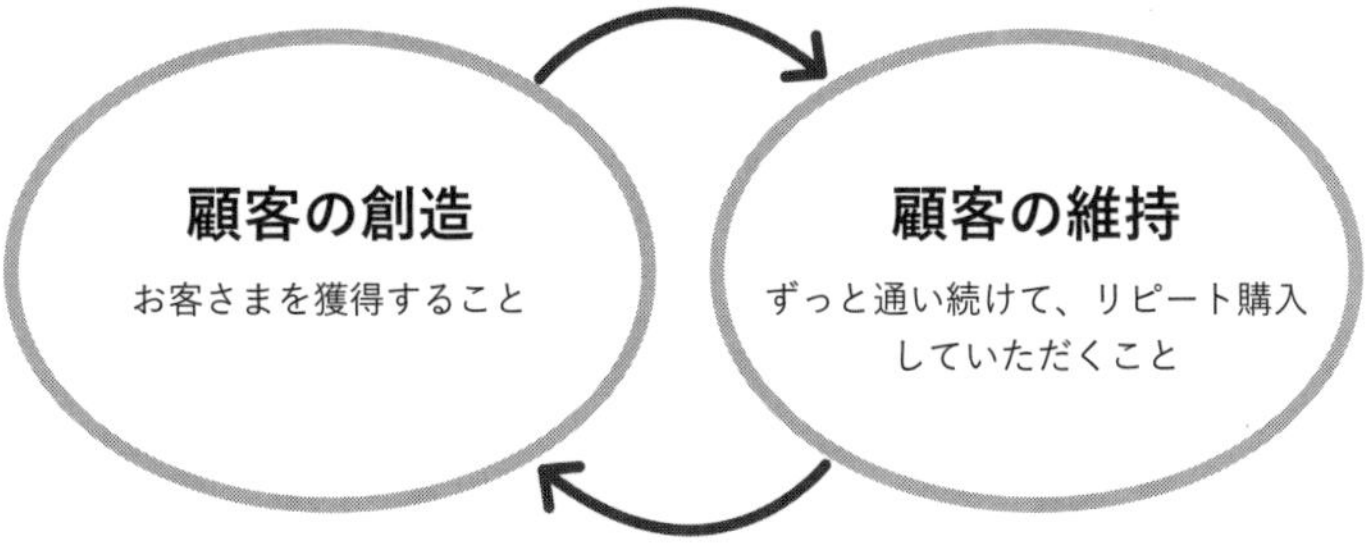
顧客の創造
お客さまを獲得すること
顧客の維持
ずっと通い続けて、リピート購入していただくこと

02
世界中のどんなビジネスもこの三つの数字で成立している

経営者がコントロールしなければならない三つの数字とは？

顧客を獲得することと、その顧客の固定化によるリピートを考えるなら、あなたは次の三つの数字をコントロールしなければなりません。

1. リード
2. CV（コンバージョン）
3. LTV（ライフタイムバリュー）

この三つです。

世界中のありとあらゆるビジネスは、この三つの数字で成立しているといっても過言ではありません。

大企業から個人商店まで――自動車メーカー、ハウスメーカー、通信販売、テレビショッピング、商店街の魚屋、八百屋などの店舗販売、屋台のラーメン屋――すべてのビジネスがこの三つの数字で成立しているのです。

自動車を新車で買うと、徹底したアフターサービスがついてきます。例えば三年間修理代点検代無料などのサービスが当たり前のように付いてくるのです。もちろん、それは好意からやっているわけではなく、そうすることで、次の新車購入の際も自分の販売店から買ってもらうためにそうしています。

屋台のラーメン屋さんでも、味が美味しくて店主にサービスされて感じがよければ、またその屋台へ行きたくなります。

一見違うように見えても、商売が繁盛するパターンはすべて同じことです。

あなたも三つの数字をコントロールすることができれば、必ずサロンビジネスで成功できます。

では、大事な三つの数字をそれぞれ解説していきましょう。

リード（見込み客）

リードとは、見込み客（およびそのリスト）のことです。「顧客リスト」と考えるとわかりやすいでしょう。

もっと詳しくいうと、「まだお金は払っていない人も含め、今後商品（サービス）を購入してくれる可能性がある人」をリストと呼びます。この顧客リスト作りで最も大切なことは「選ばずに数多く集めること」です。

相手を選んではいけません。最初は身内・親戚・友人・知人などからどんどん顧客リストに書き出してください。

知り合いが一通り終わったら、広告などを見て興味を持ってくれた人や、一度お店にきてくれた人をどんどん追加していきます。

もう一度いいますが、顧客リストは数を多く集めることが何より大切です。

売上が上がらない経営者がよくやっている間違いは、「集客したお客さまが購入しなかった場合、がっかりしてリストに追加しないこと」です。

購入してくれなかったとしても、一度でも来店してくれた人や興味を持って問い合わせてくれた人は、その時点であなたの顧客リストに加わっているのです。

何も購入しなかったとしても、将来また来店して何かを購入してくれるかもしれません。そのお客さまは、一度はあなたのサロンや商品やサービスに興味を持ってくれたのですから。

何らかの事情があったから、一度目のセールスでは買ってくれなかっただけかもしれません。その場合、次は必ず購入してくれます。それなのに、一度買ってくれなかっただけでリストから外してしまうなんて、これ以上もったいないことはありません。

まだ購入してくれてないとしても、リストに入っている人を大事にして、定期的なコンタクトは忘れないようにしてください。具体的には、年賀状、暑中見舞い、定期メルマガやLINE配信などを使って、顧客リストへの定期的連絡を欠かさないようにしましょう。

顧客リストが大事とはいえ、ずっと同じものを大事にしているだけでは意味がありません。顧客リストは、定期的に新しくしてください。五年前に一度来店しただけのお客さまは、あなたのことやサロンのことはまず覚えていないでしょう。

覚えていない人から連絡がきても、その見込み客はまず反応しません。おおよそ三～五年をめどに顧客リストを更新するようにしましょう。

注意してほしいのはリストの管理です。リスト上にある名前、住所、電話番号、メールアドレスなどは重要な個人情報です。個人情報が外部に漏れたら大変なことになってしまい、ときには損害賠償を請求される事態になります。顧客リストの管理は最重要事項だと心得ておきましょう。

CV（販売成約率）

CVとは「コンバージョン」のことで、見込み客が実際にお金を支払い商品やサービスを購入する（確率の）ことです。

例えば10人来店して1件も販売することができなければ、あなたのCVは0%です。1件の販売ならCVは10%になります。

このCVが低ければ、現場での販売トーク、カウンセリングクロージングの技量や接客態度、言葉遣い、自分の知識量、もしくは自分の見た目、身だしなみ、体臭や口臭など、自分のどこかに問題があるはずです。決してお客さまのせいではありません。

問題点をきちんと分析して、次から改善していけば必ず売れるようになります。

一番いけないのは、売れても売れなくても見直さないことです。仕事は常に自分自身の改善です。見直さなければ改善はできません。

そこで重要になってくるものがロープレ（ロールプレイング）です。接客業におけるロープレとは、お客さま役とサロン役に分かれて行う接客販売の練習のことをいいます。事前の準備練習をイメージするとよいでしょう。

例えば、スポーツ選手は試合のために日々大変な練習をして体を鍛えています。

これはビジネスでも同じことです。練習をしないで本番を迎えて、いい結果が出せるわけがありません。

しかし、スポーツでは当然のことが、ビジネスでは行われていないことが多いです。CVを上げるために、トークを含めた販売の勉強やロープレをしている経営者は少ないのです。

あなたが開業して最初に力を入れなければならないのは、このCVを高めることです。初期はお客さまの数自体が少ないのですから、その少ない中で売上を上げるには、成約率をアップさせるしかありません。

どれだけ集客できたとしても、CVが低ければ売上は上がりません。しかし、逆にいえば、高いCVを出すことができれば、少ない数のお客さまでも利益を出すことができます。

ＬＴＶ（顧客生涯価値）

ＬＴＶは「ライフタイムバリュー」のことです。日本語で訳すと「顧客生涯価値」になります。

一度顧客になった人が、一生涯でどれだけあなたのサロンにお金を落としてくれるかという価値を数値化したものがＬＴＶです。とはいえ、直訳すると「一生涯」なのですが、実際には一年間などで区切ってデータを出すことが多いです。つまり、「一年間でどれだけお金を使ってくれたか」という数値です。

あらゆるビジネスにおいて、ほとんどの利益はＬＴＶから出ています。ＣＶは「集客」というプロセスが入っていて、この集客には広告費、営業経費など多大なるコストがかかっています。しかし、一度お客さまになった人がリピートするときはコストがまったくかかっていません。

つまり新規の販売（ＣＶ）に比べ、利益率が圧倒的に高いのがリピート客です。だからこそ、リピート客を増やすこと、即ちＬＴＶを上げることが利益に繋がります。世界中のほとんどのビジネスはＬＴＶで利益を上げているのです。

美容サロンビジネスの魅力は、ＬＴＶが高いことにあります。さまざまなビジネスの中でも、美容や健康のジャンルは継続的なリピートが高いというデータが出ています。実際に、あなたにも経験があるのではないでしょうか。同じサロンに一度だけ通うよりも、何度か通ったことのほうが経験として多いはずです。ほとんどの女性がそうなのですから、あなたのサロンに訪れたお客さまもそうであると、充分期待できます。

美容や健康というジャンル、つまりエステサロンやスポーツジムが会員制を採用している企業が多いことからも、リピート客中心のビジネスであることがわかるでしょう。なぜ美容サロンではリピートが期待できるのでしょうか。お客さまの心理から考えてみましょう。さまざまな理由がありますが、まずいえることは「終わりがない」ということです。

例えばフェイシャルエステが目的で通っていた人が、満足のいく結果が得られたとしても、次にまた別の箇所で悩みが出てきます。またその状態を維持することにも努力が必要です。

スポーツジムも同様です。どんなに体を鍛えたとしても、人間は必ず老化し、衰えます。だから鍛え続けないといけないのです。つまり終わりがありません。

また、美容サロンは人間関係、信頼関係が作りやすいビジネスなので常連客が増えやすいという側面も、LTVを高めている要因です。

人は会えば会うほど親近感が増すものなので、信頼関係を構築したお客さまは、継続的に経営者であるあなたに会いにくるようになります。それはつまり、販売の機会が増えるということです。

今、時代はサブスクリプション（定額課金）が全盛ですが、その弱点は離脱率が高いことです。しかしあなたとお客さま、一対一で信頼関係を作っていくサロンビジネスでの離脱率は、あなたが嫌われない限り圧倒的に低いです。

美容サロンビジネスは、永続的に売上利益が確保できるビジネスなのです。

03 集客は全然難しくない！

開業を決めたらまずは身近な人へ情報発信

マーケティングの第一歩は集客です。どんなにCVを上げたいと思っても、お客さまがこなければ販売のしようがありません。

まずはお客さまを集めましょう。こういうと、「集めましょうっていわれても、それができないから困っているんだよ」という声が聞こえてきそうです。

ほとんどの経営者は、集客を難しくて面倒なことだと思っています。時間がかかるしコストもかかる、手間も暇もかかる——できればやりたくない、大変なことだと思っている経営者がたくさんいます。

しかし、私は今まで集客で悩んだことがありません。

なぜなら集客は簡単だからです。

「なぜ簡単といえるのか」と思われましたか？　それなら、逆に質問します。

あなたには家族親戚友人知人はいませんか？

その人たちは、あなたが提供しようとしている商品やサービスを必要としていませんか？

この質問に答えられないなら、直接家族親戚友人知人に訊いてみましょう。そして必要であれば、しっかりと販売してあげましょう。

渦巻きはどうやって書きますか？

身近な人に営業してくださいというと、「え〜っ！　そんなことしたら、家族や友人に嫌われるかもしれないし、変に思われるかも」と心配する人がいます。

もしこのように思った人がいたら質問したいのですが、あなたがこれから販売しようとしている商品やサービスはインチキ商品なのでしょうか。質の悪いサービスなのでしょうか。きっとそんなことはないはずです。あなたが考えた、もしくはあなたが厳選した商品なのですから、自信を持ってお客さまにすすめている商品でしょう。

心からいいと思っているものを、どうして一番大切で一番身近な人たちに売ってあげようとしないのですか？

家族や友人知人は広告費などの販売コストをかけずに販売できる一番の顧客リストなのに。

オレオレ詐欺の犯人は、自分の身内に電話しません。自分のやっていることが犯罪だとわかっているからターゲットは赤の他人です。では、あなたのビジネスはどうでしょうか。あなたのビジネスは、人の役に立つビジネスなはずです。犯罪行為でもないのになぜ身近な人に販売できないのですか？

もしあなたが「身近な人には売れないけど赤の他人には売れます」というなら、そんな商品やサービスはインチキで粗悪な商品に決まっています。

「そんなことあるわけないじゃないですか。私のサロンは本当にいいものといいサービスしか提供しないの！」こんな自信があるなら、まず一番身近な人たちに販売してみましょう。

しかも、身近な人たちであれば、あなたの提供する商品やサービスについて率直な感想を述べてくれます。率直な意見は、改善のチャンスです。改善ポイントを見つけられたら、あなたの商品はさらによくなるでしょう。

そもそも身近な人に売れないものが、遠くの人に売れるはずがありません。身近な人はあなたの話をある程度は聞いてくれますが、赤の他人が最初からあなたの話を聞いてくれるなんてことはありません。

これまでの歴史で星の数以上の製品が世に出てきましたが、それらを発明、開発した人々は最初は身近な人に使わせていたのではないでしょうか？

そしてそこからヒット商品になっていったのではないでしょうか？

渦巻きを書くときは、内側から描きます。外側から描く人はまずいません。ビジネスもこれと同じで、最初は小さい渦からはじまって、だんだんと大きくしていくものです。

お客さまも最初の1人からはじまります。

そしてそのお客さまを1人から5人、5人から10人、10人から50人、50人から100人と増やしていくのです。

身内であっても代金はいただくべき

身近な人に商品を無料で配ったり、格安でサービスを提供する人がたまにいますが、そういう人は決して成功しません。

無料で提供することはまったく意味のない行為で、身内からお金を受け取れない人は、お金から嫌われてしまいます。

●小さい渦から描いていく

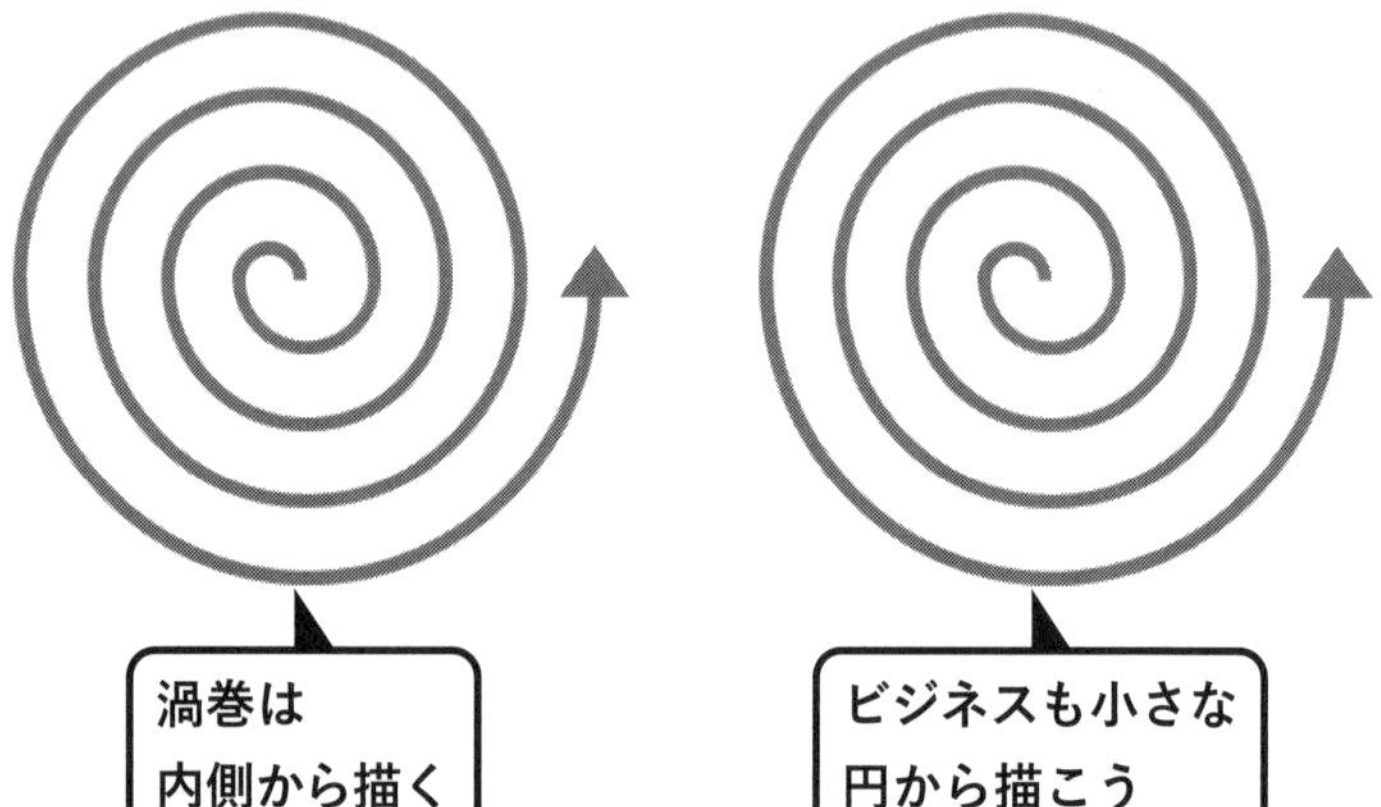
渦巻は
内側から描く
ビジネスも小さな
円から描こう

それに、無料でもらったモノは、真剣に使いません。「使ってよかったら宣伝してね！」といって商品を配ったとして、もらった人は真面目に使おうと思わないし、友人を紹介することは絶対にありません。

開業を決めた日から、身近な人たちに情報発信しましょう。そしてサロンオープンしたら、しっかりと来店してもらい、販売することです。

最初は難しいかもしれませんが、このハードルを越えられなければ、他人を集客できるようにならないし、商売が繁盛することはありません。

04 情報発信はデジタルとアナログを融合させよう！

ホームページはあったほうがいいの？

美容サロン起業のコンサルをやっていると、「ホームページは作るべきですか？」と質問されます。結論は「あったほうがよい」です。

まず、ホームページがあったほうが信用になります。サロンを始めたばかりでコストをかけられない場合、最初はホームページを作らずにSNSだけで営業をしてもいいですが、時期がきたらホームページを作るようにしましょう。SNSしかやっていないサロンより、ホームページを持っているサロンのほうが信頼されやすい傾向があります。

以前はホームページ制作に多額の費用がかかりましたが、今は数万円という低価格で制作してくれるフリーランス業者などもいますし、少し勉強すれば簡単なサイトを自分で作ることも可能です。ホームページ作成のハードルはかなり低くなっているので、サロンのホームページは作るようにしてください。

注意点は、業者に丸投げしてはいけないということです。パソコンのことがよくわからない人は、つい業者に丸投げしてしまいがちですが、これはお金を無駄にするだけです。

ホームページはある意味、サロンの顔です。あなたの意図したことがホームページから伝わらなければ、作る意味がありません。

業者に丸投げして作ったホームページを見て来店したお客さまが「なんかイメージと違った」といって、二度と来店しないというケースも多々あります。相手がWEBのプロでも、サロンの経営者はあなたです。

どういうホームページで、どんなメッセージを伝えたいかという軸を決めるのはあなたですから、ホームページは業者と二人三脚で作っていきましょう。

さらに、ホームページは作りっ放しで放置してしまうと逆効果になることがあります。定期的に情報や写真、レイアウトなどを変えるメンテナンスを行いましょう。

また、注意事項として、作成初期は低価格で請け負って、メンテナンスで高額な管理費を請求してくる業者も存在するので、そのような業者には気をつけてください。

ホームページはお金を生んではくれません。ですからくれぐれもコストをかけすぎないようにしましょう。

自宅サロンやマンションサロンは特に安心感を伝えるのが大事

特にマンションタイプや自宅サロンの場合、お客さまはサロンに行くのを躊躇することがあります。他人の家にお邪魔する感覚があるので、戸惑うことが多いのです。

こういったタイプのサロンへ行ったことがない人なら、なおさらです。

そういうお客さまの不安な気持ちを払拭するために、ホームページでお店の詳細を細かく見せてあげましょう。

サロンの外観や部屋の中などの写真をホームページに載せておけば、お客さまは安心して来店できます。他にも、施術中、講義中の写真や他のお客さまの体験談を写真入りで載せるなどの工夫で、よりイメージを湧かせられ、安心感が増すでしょう。

また、料金なども隠さずに明記してください。とにかくお客さまが不安に思いそうなことを想像して、安心できるようにあらゆる要素をホームページに載せましょう。

必ず実施して欲しいのは、次の2点です。

・わかりやすく料金を提示する
・カウンセリングやサービスにかかる時間を明記する

特に女性のお客さまは、お金についてあまり根掘り葉掘り聞きたくないという方が多いです。後で高額な料金を請求されたら……と不安に思ってホームページを見たら「料金について、詳しくはお問い合わせください」や「料金は当日お伝えします」と書いてあったら、サロンに行くのはやめようと思ってしまうでしょう。

金額やカウンセリングにかかる時間は、具体的に明記しておいたほうが、結果的に集客に繋がります。

フェイスブック（インスタグラム）とLINE、ブログは必須

SNSは必須です。ホームページと違って自分で無料で開設できるので、必ず開業前に準備してください。

今は、お客さまが行ってみたいと思った店のSNSをチェックする時代です。友達と食事に行くとき、以前は食べログやぐるなびなどの大手サイトをチェックする人が多かったのですが、今はインスタのハッシュタグ検索でクチコミを探す人が増えています。

飲食店だけでなく、美容サロンでも同じことが起こっていて、あなたのお店に興味を持ってくれた人は、あなたのお店のSNSをチェックします。

力を入れて毎日フェイスブックやブログで情報発信していけば、あなたの考え方や

人となりを知ってファンになってくれるかもしれません。

新規のお客さまだけでなく、既存の顧客にもあなたの最新のメッセージを送ることができるなど、たくさんのメリットがあります。ぜひ、ＳＮＳとブログを活用してください。

ＳＮＳは、ＦＢ（フェイスブック）とインスタグラム、そしてＬＩＮＥ公式アカウントを開設しましょう。

余力があるなら、その他のＳＮＳ、例えばツイッターなども開設するとよいでしょう。

ただし、ＳＮＳは投稿が滞ってしまうと「このサロン営業してるの？」と不審に思われて逆効果になってしまいます。コンスタントに更新できる数にＳＮＳの数は厳選しましょう。たくさんのＳＮＳを管理する自信がない人は、ＦＢとインスタ及びＬＩＮＥ＠に絞ることをおすすめします。

ＦＢは最重要のＳＮＳです。理由は、他のＳＮＳにはない「ターゲティング機能」

があるからです。世界中で膨大な量の投稿がされていますが、ＦＢでターゲティング機能を使えば、自分が届けたい層（地域、性別、年齢、職業、未婚既婚…などなど）に絞って表示させることができます。これは、ＳＮＳを広告として使うとき、最高に心強い機能です。自分のサロンのターゲットになりやすい層に絞って情報を届けられるのですから。

ＬＩＮＥ公式アカウントは、ＦＢやインスタグラムと使い方が違います。ＬＩＮＥ公式アカウントはお客さまに登録してもらわないとこちらからメッセージを届けることはできないからです。ただし、一度登録して貰えば、こちらから好きなときに直接メッセージを送れる最強の宣伝ツールです。

ＬＩＮＥ公式アカウントへの登録は、後述のポスティングチラシやＤＭにＬＩＮＥ公式アカウントのＱＲコードを載せることで促します。チラシやＤＭは一方的に配布するものですが、ＬＩＮＥ公式アカウントに登録してもらうことによって、彼女たちが見込み客リストに加わります。

ＬＩＮＥ公式アカウントに登録してもらったら、定期的にキャンペーンのお知らせを送ります。「今なら、人気メニューが50％オフ！！」や「無料カウンセリング付き！」など、何らかのオファー（来店特典）をつけて発信します。

ＬＩＮＥ公式アカウントは、集客ツールとしてだけではなく、上手く使えばコミュニケーションツールとしても活用できます。ＬＴＶの向上に大いに役立つツールなので、ぜひ導入してください。

ブログはＳＮＳではありませんが、同時に開設してください。ブログはサロン経営者であるあなた自身を見込み客の人たちに理解してもらうために一番有効なツールなので、サロン集客のために必須です。

ブログでは、あなたの考え方や人となりを書いていきましょう。ＳＮＳでは長文を書くことが難しいので、自分の考えなど長くなる内容はブログでじっくり伝えるほうがいいのです。

例えばあなたがフェイシャル専門のサロンを営んでいるのなら、ブログで自分自身の美容への考え方や日常ルーティーンのフェイスケア方法、自分がそれをどこで学んだのか、そもそもなぜ自分がその仕事を選んでいるのか――など、自分の内面にあることを記事にしてください。幼少期からの自分のストーリー（自己開示）もおすすめです。

とにかく、あなたがどんな人であるかを知ってもらうために、ブログを更新してください。これを読んだ人が、あなたに共感し、ファンになってくれるのです。

ブログは継続してはじめて信用が得られるものです。文章を書き慣れていない人には大変かもしれませんが、まずは毎日記事を書いて投稿することを目標にしてください。最初から長文を書くのは難しいと思うので、短い文章から始めてみましょう。

このように、開業当初はＦＢ・インスタグラム・ブログをＣＶアップのためのツールとして使い、ＬＩＮＥ公式アカウントを集客と顧客管理のためのツールとして活用していきます。

サロンでの営業が軌道に乗ってきたら、有料のＦＢ広告などにトライすることも考えましょう。

SNSは100%ビジネスのためだと意識しましょう

SNSの公私混同には気をつけてください。

例えば、ダイエットサロンのインスタグラムアカウントに、オーナーが家族旅行でB級グルメを食べまくってる写真をアップしたとします。それを見たダイエット中のお客さまはどう思うでしょうか？

他にも、これ見よがしに高級ブランド品で身を包んで予約困難な高級レストランで食事している風景や、ちょっとコワモテのイケメン彼氏との2ショット……などなど、そんな写真を見た見込み客は果たしてどう思うでしょうか。来店したいと思うでしょうか？

サロンビジネスにおいては、お客さまに対して影響力を持つ必要があります。お客さまにファンになってもらうことがリピートにつながるからです。

お客さまの憧れの存在になりたいという気持ちから、豪華な食事風景やブランド品の写真をアップしてしまう人もいるかもしれませんが、そのほとんどは逆効果に終わるでしょう。

お客さまからのリスペクトは、あなたの仕事に対する態度や、美容に対する知識、普段の発言から得るようにしましょう。

自分の専門分野における考えや意見を発信することは、見込み客の共感・共鳴を呼ぶことにつながるので、SNSやブログは積極的に活用すべきですが、公私をしっかり区別し、プライベートではなくあなたの仕事面を見てもらってください。

特に気をつけるべき話題は、宗教・政治の思想信条（右翼とか左翼とか）に関することです。

宗教や政治観を他人に押し付けないことは当たり前ですが、他人の政治的な主張等の記事への「いいね」もやめておきましょう。商人にとって、全人類が見込み客です。無駄な争いはしないほうがいいのです。

05

WEB広告は最大の効果を考えて！

フロントエンドとバックエンドを理解しよう

収益が上がってきたら、有料の広告を出すことを検討しましょう。ホットペッパービューティー、楽天ビューティー、オズモール、EPARKなどの大手予約サイトに広告掲載することにより、多くの人の目に触れる確率が高くなります。広告サイトに掲載することのメリットとしては次の点が挙げられます。

・さまざまな年齢層にアプローチが可能で、目に触れる機会が多い
・利用者数が多いため、口コミ投稿が圧倒的に多い
・自分でホームページを作らなくても、WEB集客ができる
・WEB予約機能が付いているので、自分でネット予約システムを構築する必要が

ない

・顧客管理機能やＤＭを送信する機能、レジ機能などを提供してくれるサイトもある

・成果報酬型をとっているサイトなら、初期投資が０円で済む

但し、デメリットもあります。

・色々な機能を利用できるが、便利なプランを使用すると月々の広告掲載料が高額になる

・予約サイトは低価格競争になりやすい

・お客さまがポイント獲得などの理由で、サイトから予約したがる。成果報酬の場合、その都度料金が発生して、営業を圧迫してしまう（例えば楽天ビューティーの場合、お客さまは楽天ポイントを貯めたいから、２回目以降の来店も予約サイ

トを使いたがる傾向にある）

以上のメリットデメリットを考えて、予約サイトとは上手に付き合うようにしてください。具体的には次のような使い方をするとよいでしょう。

- 初回予約特典などをつけて、予約サイトでは新規のお客さまを来店させることだけに特化する
- 会員価格を設定するなどの工夫をして、2回目以降の来店は、直接予約してもらえるようにする
- 予約サイトの営業マンのいいなりにならず、自分自身でその予約サイトをどう使うのかをきちんと決める

つまり、予約サイトでは、フロントエンド商品（最初に提供する商品やサービス）

で新規集客をすることに特化し、集客した新規客にバックエンド商品（利益が取れる本当に売りたいもの）を販売するという仕組みをつくることが大事です。

また、WEB広告から来店する人は必ずあなたのサロンを検索し、SNSもチェックしてから来店します。普段からの記事投稿を怠らないようにしましょう。

06

手書きチラシはピザ屋の制作費をかけたカラフルなチラシより100倍反応があります！

あなたがお客さんにならないように

サロンを開業すると、いろいろな業者があなたのところに営業にきます。電飾看板を設置しませんか、サロンのマーク入り足拭きマットを置きませんか、駅の看板に広告を出しませんか、うちの予約サイトに広告を載せませんか――とにかくたくさんの営業が日々やってきます。

あなたはとにかく売上を上げたいと集客を焦るあまり、営業マンの口車に乗ってたくさんの広告を載せてみたり、電飾看板をつけてみたりしてしまうかもしれません。それで効果があればいいのですが、残念ながらほとんどの場合、あなたがお客さんにされて終わりです。

私はこれまでコンサルしてきた経営者に「とにかく集客にはお金をかけるな、お金は必要ない」といい続けてきました。逆にあなたが集客されて、お客さんになってはいけません。これだけは忘れないようにしてください。

手作りの集客で、十分お客さまを獲得できます

看板は置き型のA型看板（飲食店などの店舗の入り口に設置されることが多い、定番のスタンド型の看板のこと）で十分です。電飾にしたところで絶対に売上は上がりません。

ちなみに私が今まで最も多くのお客さまを集客したツールは、一枚の筆を使った手書きチラシです。実物をお見せしましょう。

コロナ太りで…
身体のリスク管理!には良いころなんだよねぇ〜
先着39名様限り
応援キャンペーン!!
足腰つらい
むくみがく…
今だけ!!
きもちいいよ♡
¥2980
のみ
外出自粛で…
ストレスが…
(足裏とふくらはぎと太もも)
足集中コース
or
上半身コース
(首と背中と腰)
あなたはどっち?
どちらか1回のみ
※おひとり様1回のみとなりますよ
気
血
水
背中
経絡リンパトリートメント
ご予約はコチラ↓
担当/

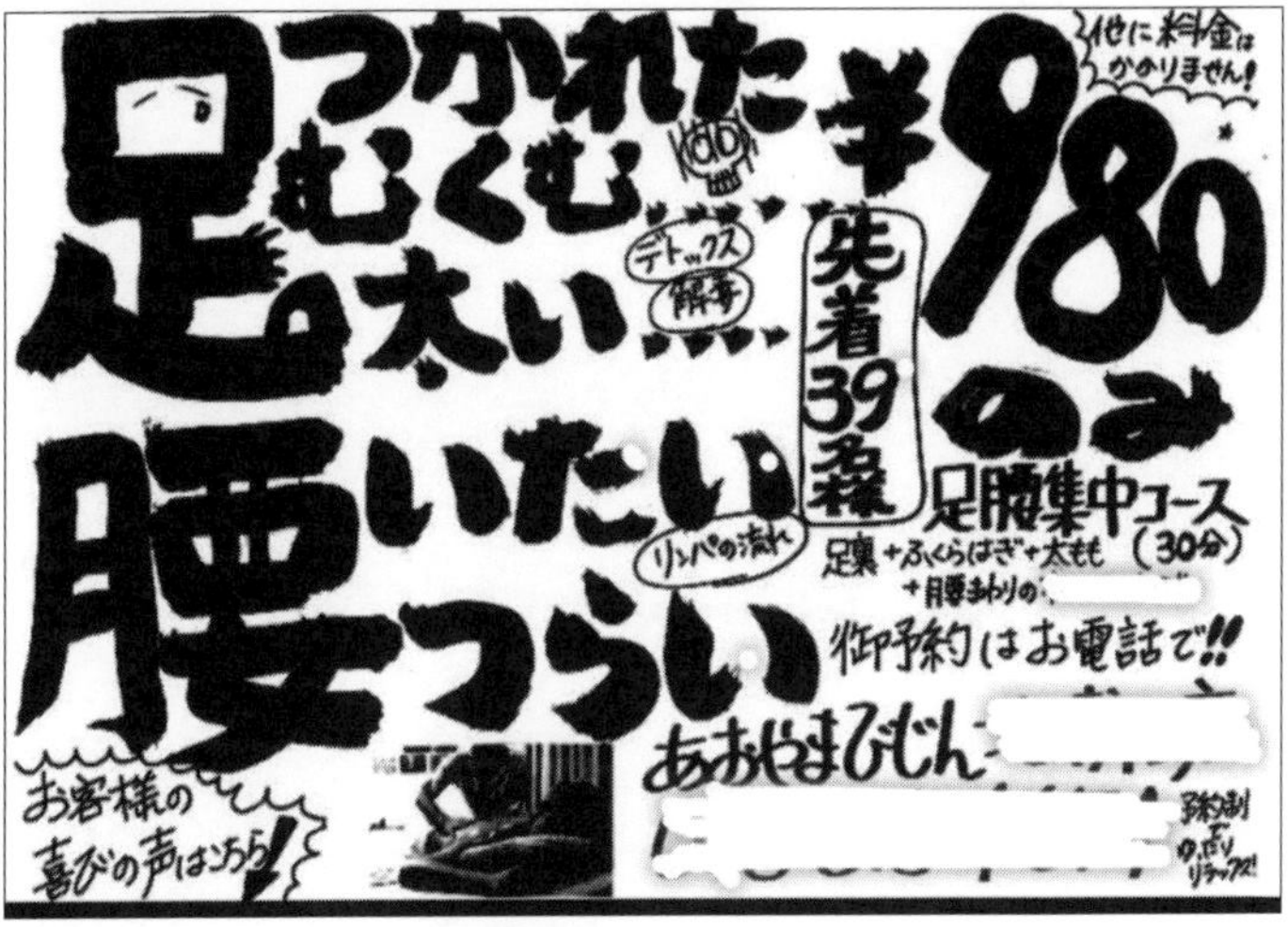
他に料金はかかりません!
足つかれた
むくむ
太い…
デトックス
解消
¥980
のみ
先着39名様
腰いたい
腰つらい
リンパの流れ
足腰集中コース
(30分)
足裏+ふくらはぎ+太もも
+腰まわりの
御予約はお電話で!!
あおやまびじん
お客様の喜びの声はこちら!
予約制
ゆったり
リラックス!

この一枚になるまで、たくさんのトライ&エラーを繰り返してきましたが、たった一枚の手書きチラシが、数十億円以上の売上をもたらしてくれるようにまでなりました。

私はこのチラシをもう10年以上使っていますが、未だに反応率は高いです。手撒きで1%、ポスティングで0・1%の反応率をキープしています。つまり、100枚配れば1件の反応をもらえるということです。

さらにこのチラシのすごいところは、白黒の一色でも作れるところです。つまり、コストをかけられないなら、自宅のプリンターやコンビニコピーで大量のチラシを作ることも可能ということです。これは、開業したてのサロンにとって心強いことです。

例えば、ピザ屋のカラフルなチラシは、制作費用としてデザイン料がかかり、カラー印刷代と、それなりに上質な紙代もかかります。それでも、ピザ屋のチラシの反応率は0・05〜0・1%といわれています。

ピザ屋のチラシのことを考えれば、私のチラシの反応率のよさに驚かれるのではないでしょうか。

人はアナログのものは捨てにくいと感じます。そして手書きの文章は読みたくなるものです。集客にたくさんのお金を使う必要はありません。あなたもアナログで思いを込めた一枚のチラシを作ってみてください。

直筆お手紙とEメール、もらってどちらが嬉しいですか？

手書きの効果は絶大です。どんな人でも、EメールやLINEでの年賀状よりも、直筆のメッセージが入った年賀状のほうが嬉しいと感じるはずです。とはいえ、今や手書きの手紙なんて親戚か家族からしか届きません。

企業は経費削減のため、EメールやLINEでのDMや広告に力を入れていて、郵便によるダイレクトメールすらやめてしまうことが増えています。

今や希少になってしまった「手書きの郵便物」。これを集客に活用しない手はありません。

手書きの郵便物で顧客リストを使ってＤＭを出せば、どうでしょうか。思わず読んでしまうのではないでしょうか。読まずに捨てる確率は、かなり低いと想像できます。

デジタルでの広告はコストが安いという利点がありますが、他との差別化はしにくくなっています。

だからこそ、今の時代は郵便ＤＭや電話営業、手撒きのチラシなどアナログな集客方法が効果を発揮します。

07 究極の集客方法「勉強会」を開催しよう

サロンビジネス歴25年以上の私がすすめる究極の集客方法

ここまで具体的な集客の話をしてきましたが、残念ながらいくら集客をしても売れる保証はありません。

なぜなら、売るのはあなた自身だからです。お客さまが広告に惹かれてあなたのサロンに来店したとしても、あなたのことを好きにならなければ、残念ながらもう二度と来店しないでしょう。

来店したお客さまがお金を出すのは、あなたに対して何らかの好感を持つからです。好きになる部分や共感・共鳴できる部分、尊敬できる部分などを感じなければ、サロンのお客さまになってくれることはありません。

そのために、サロンオーナーはＳＮＳやブログを使うなどして、お客さまに信頼してもらう努力をします。ですが、それは簡単な道のりではありません。

そこで、おすすめなのが「勉強会」を開く方法です。これは、私が最もおすすめするお客さまとの信頼関係構築方法です。

私は、この勉強会こそが究極の集客方法だと断言できます。

勉強会を開けば売り手とお客さまではなく先生と生徒の関係になる

例えばあなたが学生で、受験のため学習塾に通っているとします。勉強を教えてくれる塾の先生が「この参考書いいよ」と、とある参考書をおすすめしてくれました。あなたは、どうしますか？　授業終わりにそのまま本屋に行って参考書を買おうとしませんか？

病院で診察を受け、お医者さんに「薬出しときますね」といわれたら、当たり前のようにそのまま薬局に行き、お金を払い薬を買ってしまうはずです。

なぜあなたは先生や医者のいいなりになってしまうのでしょうか？

それは信頼しているからです。

医者や教師は、自然と患者や生徒との信頼関係を築いていています。そして、信頼関係があるから、患者や生徒はいいなりになって買ってしまうのです。

この関係性にヒントをもらってください。あなたも、お客さまと同じような関係を築ければ、すべての販売に関する悩みはなくなるでしょう。

信頼関係さえ築くことができれば、お客さまはあなたの提案した通りに動いてくれます。そして、この信頼関係を築きながら、集客できる方法が「勉強会」になります。

あなたのサロンやあなたが得意とする分野で、勉強会を開いてください。もちろん、相手はいつもお店にきてくれるお客さまではありません。外部の、知らない人に対してあなたの知識を披露する勉強会を開くのです。

例えばあなたがフェイシャルのサロンを営んでいるのであれば、あなたはコスメティックアドバイザーとして「マスクをしていても美人に見えるメイク講座」を開いてみましょう。

エステサロンを経営しているのであれば、ボディメイクのプロとして「一生に一度しかない日――ウエディングドレスが10倍綺麗に見える美ボディの作り方講座」という勉強会を開くのもいいでしょう。

場所はあなたのサロンではなく、公民館や市民ホールのような公的な場所で行いましょう。普段サロンなどに行かないような人も、気軽に参加できる場所にしてください。

もちろん、金額も格安に設定します。場所代くらいはいただいてもいいかもしれませんが、勉強会の参加費で儲けようとしてはいけません。決して営利目的にせず、学ぶことを目的に開催するのです。

格安の参加費であっても、勉強会の内容は充実させてください。適当な内容では飽きられてしまいますし、信頼関係を築くことはできません。参加者が「すごい！　きてよかった！」と思えるような充実した内容を盛り込みましょう。

しっかりとした勉強会を開くことで、あなたと来場者には「先生と生徒」という関係が築かれます。生徒は先生の話を熱心に聞いてくれますし、あなたから吸収したいと考えます。

その状態になったところで、最後に個別相談のオファー（特典）を提案します。生徒は、先生に個別で相談できる機会に喜んでくれるはずです。

個別相談では、相手の気になる悩みを聞き出します。そして、自分のサロンならその悩みを解決できると提案してあげるのです。

私もこれまでさまざまな集客方法を試してきましたが、CV向上には勉強会開催が最も効果的でした。

是非、あなたも自分の得意分野での勉強会を開催してみてください。ポイントは、勉強会のテーマとバックエンド商品（利益が取れる本当に売りたいもの）をリンクさせることです。例えば、「新婦さん限定！　花嫁衣装を綺麗に着るためのダイエット勉強会」を開催するなら、勉強会の中で、ちらっと結婚式の後の話もします。新婚旅行後にリバウンドしないために日々の努力が必要だということを教えてあげたり、子どもが産まれたら産後ダイエットが必要だということを教えてあげます。

その場で成約が取れなくても、あなたは参加者にとって「ダイエットの先生」ですから、今後ダイエットで悩んだらまず相談したいと考えるはずです。

普通のお客さまと店員の関係は、店員側が「うちの商品であなたを綺麗にさせてください！」とお願いする側です。

しかし先生と生徒の関係になれば、これが逆転します。生徒側が「私を綺麗にしてください！」といってくるのです。

この関係を築くことができれば、LTVは劇的に向上します。ぜひあなたも勉強会を開催して、この関係を構築してください。

ちなみに、勉強会の集客も先述した手書きチラシが効果的です。

第6章

自営業は100メートル走ではなくマラソンです

Chapter.6

01 ユーミンや中島みゆきはなぜ売れ続けるのか？

お金はビジネスを循環させる血液

起業した経営者に独立した理由を聞くと「お金が欲しかった」と答える人が多いです。私も30代まではそう考えていました。起業したいと考える最初のキッカケとしては、その理由で構いません。しかし、その考えは事業を続けていくうちに変化させていくべきです。

お金をたくさん稼げば、本当に満足して幸せになれるのでしょうか？

私が社会に出た１９９２年は、「平成不況のはじまり」といわれていたころでした。そして、独立した１９９８年は「失われた10年」の真っただ中でした。そんな中でも、美容ビジネスが不況に強いということもあり、おかげさまで利益を伸ばし続けることができました。

最初はお金が欲しいと思って始めたビジネスですが、お金に対する意識が変わっていきました。もちろんお金は絶対に必要なものです。でも、その理由は贅沢したいというような理由ではなく、ビジネスにおいてお金が「血液」だから必要なのです。30年近く経営者として仕事に取り組んでいると、見えてくるものがたくさんあります。お金もその一つです。

最近では、ネットで「俺は億を稼いだ！」と発表するような人もいるようですが、こういう人たちは、来年も同じように稼げるでしょうか？　来年はギリギリ稼げたとしても、10年後も同じように稼げているでしょうか？

ビジネスにおいて、何よりも大切な使命は継続することだと、私は考えています。経営者は商品やサービスを販売したお客さまに対して、責任があります。

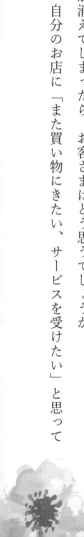

特に美容サロンビジネスのような、リピートしてもらうことで利益を出すビジネスで、突然お店が消えてしまったら、お客さまはどう思うでしょうか。

お客さまは、自分のお店に「また買い物にきたい、サービスを受けたい」と思って契約をしてくれたり、再来店してくれたりします。それなのに、サロン側の都合で事業継続できなくなったら、運転資金が続かずに閉店してしまったら、お客さまはどんな気持ちになるでしょうか?

サロンビジネスにおいて、お客さまはただの顧客ではなく、あなたのファンでもあります。ファンは絶対にがっかりさせてはいけない存在です。もっともお客さまをがっかりさせる行為——経営不振での閉店などは絶対にしてはいけません。

経営者の使命は、事業を継続することにあります。

そしてお金はそのために必要な血液です。

お金はあくまでツールとして使うものであり、最終目的ではありません。最終目的はお客さま、自分、ビジネスに携わったすべての人が幸せを感じること。そう考えると、お金と事業に対する意識が変わってくるでしょう。

ユーミンや中島みゆきさんの姿勢から学べること

ベテラン歌手のユーミンや中島みゆきさんは、今でもヒット曲を飛ばします。もう50年近く活動しているというのに、今でもたくさんのファンが彼女たちの新曲を楽しみにしています。これは、何故だと思いますか？

彼女たちのセンスや才能によるところが大きいのはもちろんですが、それと同じくらいファンは彼女たちの「音楽を楽しむ姿勢」に心打たれているのです。

これは想像ですが、中島みゆきさんが曲を書いてそれを歌っている瞬間に「あ～これで100万円稼いだわね」なんてまったく考えていないと思います。

歌に魂を込め、目の前のお客さまを楽しませようとして、そして自分も心から楽しんで歌っているだけでしょう。一回一回手を抜かず、全力でパフォーマンスする。そして、それを30年、40年と続けてきたからこそ、今があるのだと思います。

その今を楽しむ全力の姿勢が人々の心を打つのです。

仕事とはそういうものだと思います。

02

ビジネスは短距離走ではなく長距離走と心得ましょう

ビジネスは短距離走ではなく長距離走

何年か前に流行った「秒で億を稼ぐ！」という言葉を真に受けて、たくさんの若者が一攫千金を夢見てビジネスの世界に参入してきましたが、結果として、ほとんどの人が脱落しました。

これは、なぜでしょう？

答えは、ビジネスの捉え方にあります。

1年で1億円稼いだ場合、年間の手取り額は約5千万円程度です。対して、年収1千万円の場合は、手取りは718万円程度で、税金は282万円になります。そして10年分の手取り額は7180万円で、納めた税金は2820万円です。

同じ1億円稼ぐなら、10年かけて稼いだほうが手取り額ははるかに多くなるということです。もちろん、年収1億円を10年続けられるならそのほうがよいですが、年収1億円を10年稼ぎ続けるハードルはとても高く、ほとんどの人には不可能でしょう。しかし、年収1千万円の経営者なら、世の中にごまんといます。美容サロンオーナーとして稼ぐ金額としても、現実的な数字です。短距離走のように一瞬で1億円稼いでも、真の豊かさは手に入りません。人生はマラソンのような長距離レースです。短距離では豊かになれないことを心得て、継続することに力を注ぎましょう。

これから経営者になるあなたにはまだピンとこないかもしれませんが、1千万の年収を10年間稼ぎ続けることは、美容サロンビジネスではそれほど珍しいことではありません。成し遂げている人はたくさんいます。

とはいえ、1千万円という大金を稼ぎ続けることは、簡単なことではありません。それでも絶え間ない努力ができるならば、不可能な数字ではありません。

稼ぐための努力がさらに、あなたを成長させます。繰り返しいいますが、ビジネスは継続こそが命なのです。

人間は起きている時間のほとんどを仕事に費やす

人間は、人生の三分の一の時間を睡眠に使います。残りの三分の二の半分以上は、仕事をしています。つまり、人生で起きてる時間の大部分は、仕事に費やしていることになります。

「働く（はたらく）」とは、傍（はた）を楽（らく）にすることです。周囲の人の役に立たなければ、それは働いていることにはなりません。

人生の起きている時間の大半を使っているにも関わらず、仕事の目的が自分のお給料のためだけなら、それはとても悲しいことです。

貴重な人生の大半を費やすのですから、仕事は人の役に立つことをして、傍（はた）を楽（らく）にしてあげませんか？

そして同時に、自分も楽しんで仕事をすること。これが人生自体を楽しくするコツなのではないでしょうか。

「私、やっぱりこの仕事向いてないみたい」は続かない人の常套句

では、仕事を楽しむとはどういうことでしょうか？

起業のコンサルをしていく中で、開業したての新人経営者さんから同じような相談をされることがよくあります。最も多いのが、この相談です。

「私はこの仕事には向いていないんじゃないでしょうか」

大体、独立開業してから二〜三ヶ月後くらいの時期に、ほとんどの方が一回以上、このようにいい出します。私が経営するフランチャイズの加盟店のオーナーになってくれたMさんも、同じことをいいました。彼女は前職の看護師を退職後、弊社の「日常生活を整えることで美しく健康になる」という理念に共鳴し、FC加盟店として美容サロンを開業した方です。彼女が私に相談してきたのは、起業から三ヶ月後のことでした。

「社長、私はこの仕事には向いていないと思うんです」

「どうしてそう思うの?」

「だって……三ヶ月やっても売上はたいして上がらないし、集客もできないし、まともな接客も全然できないし……やっぱり私、向いてないんだと思います」

「そっかぁ。じゃあ、前に看護師さんをやっていた頃を思い出してほしいんだけど。Mさんが病院で働きはじめた一年目って、職場から見て十分な働きができてた?」

「いえ、はっきりいって、職場のお荷物でした」

「そうだよね。一年目なんて皆そんなもんだよね。じゃあ自分はこの職場で本当に役に立っているなと実感できたのはいつぐらい?」

「四年目、五年目くらいですかね」

「そうか。だったら、どうしてこの自営業という仕事をたったの三ヶ月くらいで向いてないって判断してしまうの?　きっと前の仕事のときだって、嫌だなとか、辞めたいなって思ったことあったんじゃないの?」

「はい。ありました」

「それでも、嫌々ながらも頑張って四年、五年続けたから、一人前になったんだよね？　仕事での成長ってそういうものだって経験したはずなのに、どうして自営業なら取り組んですぐに一人前になれて、結果が出て、お金が稼げるって思ってしまうの？　それは、自営業を舐めていることだし、そんな考えなら、どんな仕事をやっても一緒だと思うよ。小学校の音楽の授業で、はじめてリコーダーを吹いた小学生は音もロクに出せない。だけど、何度も何度も失敗しながら続けていくから、一曲吹けるようになるんじゃないの？　自転車に乗ることもそう、跳び箱を飛ぶこともそう、英語を話すこともそう、全部できないところからスタートして、そして苦しい努力の期間を経てできるようになっていくんじゃないの？」

この相談から五年が経過しました。彼女が開業してから五年が経過したということです。もちろん今でも、宮城県で元気にサロンを経営しています。

これは特別な話ではありません。誰にでも「私はこの仕事に向いていないんじゃやないだろうか」と思う時期がやってきます。そしてこのセリフは仕事が続かない人の常套句です。

厳しい言い方ですが、この言葉をいう人はどんな仕事をやっても長続きしません。

仕事を一所懸命こなしていれば誰でも逃避したくなる時期は必ずやってきます。しかし、その負荷がかかった苦しい時期が、自分を成長させてくれるのです。

筋肉トレーニングと同じです。

いつも同じ重さのウェイトを上げていても、筋肉は大きくなりません。

前回よりも1キロでも重いものを持ち上げることで、筋肉は鍛えられて大きくなります。人間の成長もまったく同じではないでしょうか。

03

経営者脳になるために

脳は想像と現実の区別がつかない

ビジネスで成幸を収めている人たちの共通点は、想像力の豊かさです。

これは、「イメージ力がある」といい換えることができます。

松下電器創業者の松下幸之助さんは、日本がまだ貧しかった頃に、「自分の使命は、この世から貧しさをなくすこと、蛇口をひねれば水が出てくるように生活に必要なものを水のように溢れさせることだ！」といい続けました。そして数十年後、皆さんもご存知の通り、世の中は松下翁がイメージした通りになりました。

「人間の脳は、凄い潜在的パワーを持っている」といわれます。それが例え嘘だったとしても、イメージすることで、それを事実だと認識してしまうのが、脳の特徴です。

試しに、目を閉じて、梅干しとレモンを口に入れることを頭の中でイメージしてみてください。どうでしょうか。口の中が唾液でいっぱいになりませんか？

これが、脳の力です。脳が身体に唾液を出す指令を出しているから、実際は梅干しもレモンもないというのに、酸っぱいような気がするのです。

この脳の力をビジネスに使いましょう。

目標とする未来の自分自身を、しっかり頭の中でイメージしてください。そうすれば、その実現のために身体が動き始めるのです。

人は思い描いた通りの自分になる

基本的に、人間は臆病で怠け者です。今いる安心領域から、決して飛び出そうとはしません。安心領域とは、あなたの日常です。

家を出て、電車に乗って、会社に行って、働いて、また帰ってきて家で寝て、休日はのんびり過ごして、そしてまた月曜日から会社に行く――これがあなたの安心領域です。

ここから飛び出すにはかなりのエネルギーが必要になります。

「日常から飛び出して、自分はサロン経営者になるんだ！」といって、本当に行動を起こす人、実現させる人はかなりの少数派です。

行動できる少数派の人に共通していることは、「イメージの力を駆使している」ということです。

安心領域から飛び出すためのコツは、将来の自分をイメージすることです。

毎日毎日、将来成功しているであろう自分を明確にイメージするのです。

サロン経営者になり、あなたはキラキラ輝いて、お客さまというファンに囲まれて充実した毎日を送っている。そんなイメージをしましょう。人は思い描いた通りの自分になるのです。

人生は有限です

先ほどお話ししたように、人間は、人生の三分の一を寝て過ごします。人生が90年なら、30年は寝ている計算になります。

今、あなたが30歳であれば、残りの人生60年のうち、起きている時間は40年です。40歳であれば、あと33年しか起きている時間がありません。

そう考えると、人生は短いと思いませんか?

「自分もサロン経営者にチャレンジしたい! でも自分にできるだろうか? うまくいくだろうか? 失敗したらどうしよう?」

ほとんどの人は、そう考えて行動を先延ばしにしてしまいます。でも、残りの時間は短いのです。悩んでいるうちに、あっという間に起きている時間が減っていきます。

人生は有限なのです。

人は死ぬときに、「やってしまった後悔」ではなく、「やらなかった後悔」をするそうです。最期のときに後悔しないためにも、思い立ったら何でもいいから行動してみませんか?

人間万事塞翁が馬

ビジネスは売上と利益を狙って活動するのですが、売上や利益は波があって当たり前です。

売上がいい月もあれば悪い月もある

利益率がいい年もあれば悪い年もある。

これは当たり前のことです。だからこそ、一喜一憂してはいけません。いいときもあるし悪いときもあるのが当たり前と思ってください。

起業するときは、これからず〜っと売上が上がっていって、ず〜っと利益を出し続けることができるなどと都合のいいように考えがちですが、そんなことは絶対にあり得ません。

人間万事塞翁が馬です。いいことは悪いことに続き、悪いことはいいことに続く。それが当たり前です。

だからこそ、何があろうが淡々と前に進み続けることが大事です。

2011年3月11日の東日本大震災のとき、関東地区で大規模な停電がありました。それでも、私の会社の加盟店は営業を続けました。

停電中で灯りがないので、ろうそくを使って営業を続けました。電気がつかないからお店を休みにするという選択肢もあったにもかかわらず「この状況でもお客さまに喜んでもらうためにどうやって営業すればいいだろうか？」とその代理店は考えたのです。

結果、弊社の2011年は3月が最も売上が高い月になりました。

「歩く」という文字は「止まるが少ない」と書きます。

走ったら疲れて止まってしまいますが、歩けばずっと遠くまでたどり着けます。慌てないでしっかりと歩いていきましょう。

日々起こることに一喜一憂しないで、淡々と仕事を進めていけば、あなたは必ず成幸できます。

ご購入特典

【特典1】 体験談PDF

「女性起業家たちのリアル体験談集」

美容健康ビジネスで起業した女性経営者五人のリアルな「生」の声をアンケート形式でまとめました。

【特典2】 特別セミナー映像

「美容健康ビジネスで真の豊かさを実現しよう」

講師：荒井鴻典

- 美容健康ビジネスで実現できること
- 美容健康ビジネスの将来性
- お客様は何を求めてサロンに来店するのか　他多数

【特典3】 荒井鴻典×佐野知代　特別対談映像

「実践者が語る　サロンを成功に導く秘密」

講師：荒井鴻典　全身美容のプロ佐野知代

- なぜ美容健康ビジネスを選択したのか?
- なぜ個人商店でありながら億単位の年商を実現したのか
- サロンを継続していくコツ　他多数

ご購入特典は右のQRコードを
読み取ってご覧になってください。

直接ブラウザに入力する場合は
下記のURLをご入力お願いいたします。

http://ss647180.stars.ne.jp/contact.html

著者紹介
女性起業家育成コンサルタント
荒井 鴻典（あらい ひろすけ）
東京都出身。29歳の時、女性向け美容健康サロンを個人経営者から開業し五年目には従業員を一人も雇わず年商五億円を実現。その経験を活かし美容健康総合メーカー（株）東京青山美人研究所を設立しフランチャイズ本部として多数の女性経営者を育成。現在は大手企業や大学等から依頼を受け学生、営業マン、起業家、独立志望者に向けての講演活動やコンサルティングも精力的に行っている。
自身の起業体験また数多くの起業家を育成した体験から体系化された成功法則を学ぶ著者主催の勉強会は延べ受講者一万人以上にも及び数多くの起業家、経営者を輩出している。

ホームページ：http://www.aoyamabijin.co.jp
メールアドレス：info@aoyamabijin.co.jp

自分が輝き、お客様に愛される
美容サロン開業の教科書

2021年6月25日　第1刷

著　者　荒井鴻典
編集・制作　ケイズプロダクション
発行者　籠宮啓輔
発行所　太陽出版
東京都文京区本郷4-1-14　〒113-0033
TEL 03（3814）0471　FAX 03（3814）2366
http://www.taiyoshuppan.net/
E-mail info@taiyoshuppan.net

ISBN978-4-86723-040-4